Lernkrimi Französisch

Maudit Château

Virginie Pironin

Vokabeltraining
zum Buch!

Lerne die Vokabeln zu diesem Buch: Mit phase6, Deutschlands führenden Vokabeltrainer.

Mit phase6 übst du deine Vokabeln über Computer, Tablet und Smartphone mit Android oder iOS.

Der Circon Verlag schenkt dir die erste Vokabelsammlung zu seinen Büchern. Nur erhältlich über diesen Link (QR-Code).

Der beste Sprachtrainer für die Schule.

Baierbrunner Straße 27, 81379 München
Ausgabe 2025
2. Auflage

Redaktion: Sigrid Oser
Fachkorrektur: France Arnaud
Produktion: Ute Hausleiter
Titelillustration: Karl Knospe
Lernkrimi-Logo: Carsten Abelbeck
Umschlaggestaltung und Gestaltung: red.sign GbR, Stuttgart

ISBN 978-3-8174-4560-8
381744560/2

Besuchen Sie uns auf Facebook und Instagram: circonverlag

www.circonverlag.de

Vorwort

Liebe Leserin, lieber Leser,

sicher zum Lernerfolg – mit Spaß und Spannung! Die Compact Lernkrimis mit ihrer Kombination aus fesselnder Lektüre und didaktischem Übungsanteil eignen sich hervorragend, um breite Sprachkompetenzen in der Fremdsprache zu erwerben. Der Lernende wird dabei durch die spannende Handlung, das angemessene Sprachniveau und den stetig ansteigenden Schwierigkeitsgrad der Übungen gefördert und motiviert. Ein ausführlicher Abschlusstest ermöglicht das Wiederholen und Festigen des Gelernten. In einem alphabetischen Glossar am Ende des Buches sind noch einmal übersichtlich alle Vokabeln zum Nachschlagen aufgelistet.

So lernen Sie mit Compact Lernkrimis:

- **Mit Begeisterung lernen:** Die packende Krimihandlung motiviert Sie beim Lesen des französischen Originaltextes.
- **Wissen intensivieren und erweitern:** Durch die Kombination aus didaktisch aufbereiteter Lektüre und textbezogenen Übungen testen und trainieren Sie Ihre Sprachkenntnisse effektiv. Vokabelangaben auf jeder Seite unterstützen Sie beim Lesen.
- **Systematisch lernen:** Knüpfen Sie an Ihr individuelles Sprachniveau an und setzen Sie sich eigene Lernziele.
- **Unabhängig sein:** Lernen Sie individuell — wo und wann immer Sie wollen.

Viel Spaß beim **spannenden Erlernen der französischen Sprache** wünscht Ihnen

Prof. Dr. Christiane Neveling
Didaktik der romanischen Sprachen, Universität Leipzig

Inhalt

1 Visite guidée

Le soleil brille au-dessus des arbres et des **toits**. Le ciel est bleu, l'air est **doux**. Au village, les cloches de l'église sonnent neuf coups. La première visite guidée de la journée va commencer au château de la Colombelle. Les touristes sont déjà rassemblés dans la cour. Un homme avec un **badge** orange autour du cou prend la parole :
« Bienvenue au château de la Colombelle. Je m'appelle Michel. Je suis votre guide. »
Puis, il fait une petite pause et regarde les membres du groupe. Ce sont surtout des personnes âgées et des familles avec de jeunes enfants. Public typique de la première visite du matin. Il commence la présentation :
« La famille du Valois a acheté le château de la Colombelle au début des années 1970. À cette époque, le château était en très mauvais état. Richard et Louise du Valois ont fait faire beaucoup de travaux de rénovations. Ils voulaient permettre au public de découvrir ce bâtiment historique. Maintenant, ce sont leurs fils, Charles et Philippe, qui **gèrent** le château. La famille habite dans l'**aile** gauche du château. Le reste du **domaine** est ouvert au public. »

toit *m*	Dach
doux, douce	mild, lieblich
badge *m*	Namensschild, Dienstausweis
gérer	managen, verwalten
aile *f*	Flügel, *hier:* Seitenflügel
domaine *m*	Bereich, *hier:* Gut, Landsitz

Tout le monde écoute **attentivement**. Sauf les enfants qui s'ennuient déjà ou courent partout. Un bébé pleure. Une femme **se mouche**. Un homme prend des notes dans un carnet. Il est si grand qu'il **dépasse** tous les autres d'une tête. Ses petites lunettes rondes **glissent** sur le bout de son nez.

attentivement	aufmerksam
se moucher	sich die Nase putzen
dépasser	überragen
glisser	rutschen
classeur *m*	Ordner
↯**Mince alors !**	*hier:* Was für ein Mist!
insister	beharren

Michel tient un **classeur** vert dans les mains. Il l'ouvre et montre une image aux visiteurs.

« Le marquis de la Colombelle a fait construire le château en 1542. Comme vous le voyez sur cette image, il n'y avait que quatre tours à l'époque. Les autres ont été construites au XVIIe siècle. Ces tours, mais aussi les toits et les fenêtres hautes sont typiques du style Renaissance en France. »

L'homme qui prend des notes lève la main.

« Comment s'appelait l'architecte du château ? »

Michel ouvre la bouche pour répondre, puis la referme tout de suite. **Mince alors**, il ne sait plus.

« C'était un Italien, dit-il.

– Quel était son nom ? » **insiste** le touriste.

Michel rougit. Il tourne les pages de son classeur, même s'il sait que la réponse n'est pas dedans.

« La façade me rappelle plutôt le style gothique », continue l'homme.

> Insbesondere in folgenden Fällen verwendet man im Französischen noch **die römischen Zahlen:** 1. Für Jahrhunderte und Jahrtausende: *le XXe siècle, le IIIe millénaire;* 2. für Namen von Herrschern: *François Ier, Henri IV, Louis XIII;* für die Regierungssysteme in Frankreich: *la Ve République.*

Exercice 1 : Nationalités. **Ergänzen Sie folgende Sätze mit dem entsprechenden Nationalitätsadjektiv! Wählen Sie zudem für jedes Land den passenden Artikel (*le, la, l'* oder *les*)!**

1. Les châteaux de la Loire servaient de résidence aux rois ***français*** (***la*** France).
2. À la Renaissance, beaucoup d'architectes ______ (______ Italie) sont venus en France.
3. Les touristes ______ (______ Allemagne) aiment visiter des châteaux.
4. Les visiteurs ______ (______ États-Unis) donnent généralement de bons **pourboires**.
5. Afonso Álvares est l'architecte ______ (______ Portugal) le plus célèbre de l'époque de la Renaissance dans son pays.

Michel déteste ce genre de visiteurs. Ils croient tout savoir et posent toujours des questions impossibles. Ou ils **contredisent** le guide. *Je ne suis pas fait pour ce métier,* se dit Michel. *Je n'aime pas les touristes.*

Un enfant se met soudain à crier. Il est tombé. Son genou **saigne**. Ses parents courent vers lui.

pourboire *m*	Trinkgeld
contredire	widersprechen
saigner	bluten

Michel en profite pour changer de sujet :
« Allons découvrir l'intérieur du château. Si vous voulez bien me suivre. »

Il se dirige vers une large porte en bois. La lourde **serrure** noire en **fer forgé** rappelle les contes de fées. Avec une grosse clé, Michel ouvre la porte.

serrure *f*	Türschloss
fer *m* **forgé**	Schmiedeeisen
bas/se	niedrig
bac *m*	*hier:* Becken

« Attention à vos têtes ! » dit-il, et il met la main sur la pierre au-dessus de la porte pour bien montrer comme elle est **basse**.

Quelques minutes plus tard, ils se retrouvent dans une pièce agréablement fraîche. Les murs sont en pierre. Il y a une longue table au milieu. Sous la fenêtre, un grand **bac**, en pierre lui aussi. Aux murs, des étagères, et sur les étagères, de la vaisselle en porcelaine blanche décorée de fleurs bleues. La cuisine.

Exercice 2 : Les adverbes. Bilden Sie die weibliche Form der folgenden Adjektive und leiten Sie das entsprechende Adverb davon ab!

1. lent __________ __________

2. agréable __________ __________

3. naturel __________ __________

4. doux __________ __________

5. curieux __________ __________

Michel décrit le quotidien des cuisinières et des **valets**. Il montre une série des petites cloches au mur : chaque cloche correspond à une chambre. Quand les maîtres du château, ou leurs invités, voulaient leur petit déjeuner par exemple, ils sonnaient et les **domestiques** savaient tout de suite qui avait besoin d'eux. Un touriste fait une **plaisanterie** : lui aussi, il aimerait avoir une cloche dans sa chambre pour qu'on lui apporte son petit déjeuner. Les autres rient **poliment**.
Ils montent des escaliers, s'arrêtent dans une salle à manger, un salon, des chambres. Les visiteurs posent des questions, surtout l'homme à petites lunettes rondes. Michel répond de son mieux. Il raconte l'histoire du château et de ses différents propriétaires. Il fait bien attention à ne perdre personne. Il dit aux enfants de ne rien toucher. Il est déjà fatigué...

valet *m*	Diener, Knecht
domestique *m/f*	Diener/in, Dienstbote, -in
plaisanterie *f*	Scherz
poliment	höflich
épée *f*	Schwert
bouclier *m*	Schutzschild
armure *f*	Ritterrüstung
chevalier/-ière *m/f*	Ritter/in

Une quarantaine de minutes plus tard, ils se dirigent tous vers la salle d'armes. C'est souvent la pièce préférée des touristes. Les **épées**, les **boucliers**, les **armures**... Ça les fait rêver. Ils imaginent de braves[i] **chevaliers** qui sauvent des princesses et se battent contre des ennemis ou des dragons. Michel trouve ça bête. Mais ce que les visiteurs aiment encore plus,

Vorsicht, falscher Freund! *Brave* auf Französisch bedeutet entweder „mutig", „tapfer" oder „ehrlich", „anständig". Will man Kinder auffordern, „brav" zu sein, muss man sagen: *Sois sage/Soyez sages !* oder *Sois gentil(le)/Soyez gentil(le)s !*

> An die ***Révolution française*** (1789 – 1799) wird bis heute am 14. Juli erinnert, dem französischen Nationalfeiertag. Auch die Nationalhymne, ***La Marseillaise***, mit ihrem ziemlich blutrünstigen Text, hat ihren Ursprung in der Revolutionszeit. Der damalige König Louis XVI und seine Frau Marie-Antoinette wurden im Rahmen der französischen Revolution guillotiniert.

c'est… la guillotine. Elle est là, au milieu de la pièce, entourée d'un **cordon** en **velours** rouge. C'est un objet rare. Elle est la fierté de la famille du Valois. Symbole de la Révolution française (i), elle attire les curieux de tous les pays du monde. Michel aussi l'adore. Quand il entre dans la salle d'armes, il regarde toujours la **lame** de la guillotine en premier et la salue en pensée : « Bonjour, Louisette (i) ». C'est une sorte de de rituel pour Michel.

cordon *m*	Schnur, *hier:* Absperrseil
velours *m*	Samt
lame *f*	Klinge, Messer
poutre *f*	Balken
verni/e	lackiert

> Die **Guillotine** hat ihren Namen vom Arzt und Politiker Joseph Ignace Guillotin, der sich für die Einführung eines mechanischen Enthauptungsgeräts einsetzte, um grausame bzw. entehrende Hinrichtungen abzuschaffen. Im Laufe der Zeit hat die Guillotine viele Spitznamen bekommen, unter anderem ***Louisette*** bzw. ***Louison*** – abgeleitet vom Namen des königlichen Chirurgs Antoine Louis, der das Gerät entwickelt hat.

Il ouvre la porte et laisse entrer tout le monde. Les murs de la salle d'armes sont peints en vert, les **poutres** en bois du plafond sont **vernies**. Le soleil monte lentement dans le ciel. Il est juste à la hauteur des fenêtres et fait entrer beaucoup de lumière dans la pièce. Les visiteurs et leur guide

sont **éblouis**, ils se protègent les yeux avec les mains. Les plafonds sont très hauts. Heureusement, car la guillotine mesure plus de trois mètres de haut ! Eh oui, le **couperet** doit tomber de bien haut pour réussir à couper une tête. La guillotine est fabriquée en bois : deux poutres verticales avec, au milieu, à environ 50 centimètres du sol, une **planche** horizontale où les **condamnés** à mort s'allongeaient avant de perdre la tête. La lame **aiguisée** attendait tout en haut au-dessus d'eux.
Tout en haut ?
Michel **fronce les sourcils**. Quelque chose n'est pas normal. La lame n'est pas à sa place. Au même moment, un cri **retentit**. Puis un autre. En quelques secondes, tout le groupe est rassemblé autour de la guillotine. Tout le monde **hurle**. Les parents cachent les yeux de leurs enfants. Un homme **vomit** même par terre.
Michel s'approche. Il pousse les touristes qui l'empêchent de voir. Sur la planche horizontale de la guillotine, il y a un corps. Un corps sans tête. Au sol, il y a une **mare** de sang. Michel **se décale** pour mieux voir. Quand la guillotine était encore utilisée, un **panier** en **osier** servait à recueillir la tête coupée du condamné. Michel se penche pour regarder. Le panier est là. Et il y a bien une tête dedans.

ébloui/e	beeindruckt, *hier:* geblendet
couperet *m*	Fallbeil
planche *f*	Brett
condamné/e *m/f*	Verurteilte/r
aiguisé/e	scharf
froncer les sourcils *m pl*	die Stirn runzeln
retentir	ertönen
hurler	schreien, brüllen
vomir	sich übergeben
mare *f*	(große) Lache, (große) Pfütze
se décaler	sich verschieben, *hier:* sich seitlich bewegen
panier *m*	Korb
osier *m*	Weide

Exercice 3 : La guillotine. Beantworten Sie die Fragen zur Guillotine!

1. De quel événement la guillotine est-elle un symbole ?

____

2. Quel était le premier surnom de la guillotine ?

____

3. Combien mesure une guillotine ?

____

4. En quoi (en quelle matière) la guillotine est-elle faite ?

____

2 La famille du Valois

Une femme arrive devant la salle d'armes à grandes **enjambées**. Elle est grande et mince, avec des cheveux bruns mi-longs. Elle porte un blouson en cuir et un casque de moto à la main. Un policier se tient devant la porte ouverte de la salle d'armes. La femme lui donne son casque et **enfile** des surchaussures bleues. Puis, elle entre dans la pièce.

Sa collègue, plus jeune, brune aussi, mais avec les cheveux courts, **vient à sa rencontre**. Les deux femmes **se font la bise**.

« Bonjour, Ninon, dit la **motarde**. Alors, qu'est-ce qu'on a ?

– Salut, Irène. Un homme **décapité**, ou plutôt, guillotiné. **La trentaine**, identité inconnue. Il n'a pas de portefeuille sur lui. Juste un ticket d'entrée au château daté d'hier après-midi, une clé avec un porte-clé portant le numéro 6 et quelques pièces de monnaie.

– Qui est le **médecin légiste** sur cette affaire ?

– Robert. »

Irène fait un geste **approbateur** du **menton** et sourit. Elle aime bien travailler avec Robert. De tous les

enjambée *f*	großer Schritt
enfiler	anziehen
venir à la rencontre de qn	jdm. entgegen kommen
se faire la bise	sich ein Küsschen geben
motard/e *m/f*	Motorradfahrer/in
décapité/e	enthauptet
la trentaine *f*	etwa dreißig Jahre alt
médecin légiste *m/f*	Rechtsmediziner/in
approbateur/-trice	beifällig, zustimmend
menton *m*	Kinn

médecins légistes qu'elle connait, c'est le meilleur. Ninon montre l'homme avec qui elle parlait quand sa **coéquipière** est arrivée.

« C'est Philippe du Valois, fils des propriétaires. Il s'occupe du château avec son frère, Charles.

– C'est lui qui a trouvé la victime ?

– Non, c'est un groupe de touristes. Mais c'est lui qui nous a appelés. Le guide était tellement sous le choc qu'il a fait venir ses patrons avant de penser à la police.

– Et aucun d'eux n'a reconnu la victime ?

– Non. Ni le guide ni les deux fils, confirme Ninon. J'ai demandé à Robert de nous envoyer une photo de la tête quand il l'aura nettoyée.

– Très bien. Où sont-ils tous maintenant ?

– Dans le salon de thé, en bas. Des agents prennent leurs dépositions et leurs coordonnées. »

Irène regarde autour d'elle. Pour elle, qui est fascinée par les armes de toutes les époques, cette pièce est un véritable paradis. La guillotine attire son regard.

Une bande de **rubalise** jaune délimite un large **périmètre** autour de la guillotine. Trois personnes en **combinaison intégrale** blanche sont en train de faire des **prélèvements**. Elles portent des gants en latex et des sur-chaussures. Leurs cheveux sont retenus sous une **charlotte**, et bien sûr, elles portent un masque sur le nez et la bouche. Même leurs yeux sont cachés derrière de grosses lunettes en plastique. Ce sont les experts de la Police Scientifique[i].

coéquipier/-ière *m/f*	Teammitglied
rubalise *f*	Absperrband
périmètre *m*	Umfang, *hier:* Bereich, Zone
combinaison *f* **intégrale**	einteiliger Anzug
prélèvement *m*	Probennahme
charlotte *f*	Kopfhaube

Exercice 4 : Sujet ou objet ? Ergänzen Sie die folgenden Sätze mit *qui* oder *que*!

1. La motarde ________ vient d'arriver est enquêtrice.
2. « Voici le portefeuille ________ l'on a trouvé dans la poche de la victime. »
3. Robert est le meilleur médecin légiste ________ Ninon et Irène connaissent.
4. Ce n'est pas Philippe du Valois ________ a trouvé la victime.
5. Les touristes ________ ont trouvé la victime sont dans le salon de thé.

Die ***Police Technique et Scientifique***, auch ***PTS*** genannt, ist eine Spezialeinheit der Kriminalpolizei mit Sitz in Écully (bei Lyon). Sie unterstützt mit naturwissenschaftlichen Methoden bei Ermittlungen aller Art, egal, ob es um Kleinkriminalität geht oder um Terrorismus.

« Comment s'est passé ton séjour à Bruxelles ? demande Ninon.
– Bien. Nous avons réussi à arrêter le meurtrier juste à temps. Il allait tuer sa quatrième victime. »

Irène est une grande enquêtrice renommée dans toute la France et même en Europe. Elle rentre tout juste de Belgique, où elle a aidé à résoudre une enquête internationale. Les deux femmes se connaissent bien. Elles ont déjà travaillé ensemble plusieurs fois et **s'apprécient**.

s'apprécier	sich schätzen

défaire sa valise *f*	(seinen Koffer) auspacken
⚡ **type** *m*	Typ
tenir au courant	auf dem Laufenden halten
lever le pouce	den Daumen nach oben strecken
relever des empreintes *f pl*	Abdrücke/ Spuren sichern

Pour Ninon, Irène est un modèle.

« Tu as l'air fatiguée, dit Ninon.

– Je suis rentrée tard hier soir. Je n'ai même pas eu le temps de **défaire ma valise**. »

Un homme s'avance vers elles.

« Bonjour Rob, dit Irène. Qu'est-ce que tu peux nous dire ?

– La cause de la mort est bien la décapitation, explique Robert. D'après la température du corps, la victime est morte dans la nuit. Entre 22 heures et 2 heures du matin.

– Qu'est-ce que ce **type** faisait là au milieu de la nuit ? se demande Irène à voix haute.

– Ça, c'est à vous de le découvrir, dit le médecin légiste. Moi, j'emmène le corps pour l'analyser de plus près. Je vous **tiens au courant** dès que j'en sais plus.

– N'oublie pas de nous envoyer une photo. »

Robert **lève le pouce** et s'éloigne. Les deux femmes s'approchent des experts.

L'un d'eux prend des photos. Un autre **relève des empreintes** avec de la poudre et de la bande

Farbadjektive sind im Französischen **in zwei Fällen unveränderlich**, das heißt, sie nehmen weder das Femininum noch den Plural an: **1.** Sie werden durch ein anderes Adjektiv oder ein Nomen genauer beschrieben, z. B. *une lumière bleu clair* = ein hellblaues Licht. **2.** Sie sind von einem Nomen abgeleitet, z. B. *les lunettes orange* = die orangefarbene Brille, weil *orange* = Orange (Apfelsine) oder *une boîte marron* = eine braune Schachtel, weil *marron* = Esskastanie.

adhésive. Le troisième a des lunettes orange (i) et examine la guillotine avec une lampe à lumière bleue. Au sol, les experts ont déposé des « cavaliers » : de petits rectangles jaunes qui marquent l'**emplacement** des indices.

« Vous avez déjà trouvé quelque chose ? demande Irène.

emplacement *m*	Platz, Stelle
boîtier *m*	Kasten, *hier:* Gehäuse
empreinte *f* **digitale**	Fingerabdruck
faire les cent pas *m pl*	auf und ab gehen
se ronger les ongles *m pl*	an den Nägeln knabbern
carré/e	viereckig, *hier:* muskulös

– Un appareil photo, là, répond le plus proche en montrant (i) un **boîtier** noir par terre.

– Un touriste, commente Ninon. Autre chose ?

– On a des **empreintes digitales** sur la guillotine, dit l'expert à la poudre.

– Et différentes empreintes de chaussures au sol, ajoute l'expert aux lunettes orange. Ce cordon de sécurité n'est clairement pas très utile... »

(i) Das ***gérondif*** wird gerne verwendet, um die **Gleichzeitigkeit** von zwei Handlungen zu betonen oder um die **Art und Weise** zu beschreiben, wie etwas gemacht wird. Es wird mit der Präposition *en* eingeleitet, auf die das Partizip Präsens des Verbs folgt. Hier z. B. zeigt der Experte auf die Kamera, während er antwortet. Achten Sie beim Weiterlesen auf den Gebrauch des *gérondif*.

Irène les remercie avant d'aller voir Philippe du Valois. Il **fait les cent pas** dans un coin de la salle et **se ronge les ongles**. En l'entendant arriver, il lève la tête. Irène se présente et lui pose quelques questions. C'est un homme grand et **carré**, pourtant, quand il lui répond, il ressemble à un petit garçon.

« Je ne comprends pas comment une chose pareille a pu arriver. »

Irène **hoche la tête**. Combien de fois a-t-elle déjà entendu cette phrase ?

hocher la tête	nicken
longer	entlanggehen

Irène et sa collègue Ninon **longent** les couloirs pour descendre au salon de thé.

« J'ai l'impression de connaître ce château, dit Ninon en traversant un grand salon aux murs bleu pâle. Pourtant, je suis sûre de ne jamais être venue ici.

Exercice 5 : Mini-devinettes. Von wem oder was spricht man hier? Raten Sie!

1. Une bande jaune utilisée par la police pour délimiter un périmètre, c'est la ______________ .
2. Le vêtement que l'on porte sur la tête et qui fait partie de la tenue des experts, c'est une ______________ .
3. Ninon aimerait ressembler à Irène. Pour elle, Irène est un ______________ .
4. On l'utilise pour transporter ses affaires quand on part en voyage, c'est une ______________ .
5. Le médecin légiste va l'examiner de plus près. C'est le ______________ de la victime.

Im 15. und 16. Jahrhundert war der königliche Hof nicht in Paris, sondern im ***Val de Loire***. Dort wurden in dieser Zeit sehr viele Schlösser gebaut – im typischen Renaissance-Stil, der in Italien seinen Anfang nahm. Die ***châteaux de la Loire*** sind heute eine der bekanntesten Touristenattraktionen Frankreichs.

– Tu le confonds peut-être avec un autre château de la Loire[i].

– Peut-être », répond-elle pensive, mais elle continue de réfléchir.

Elle déteste ce sentiment de savoir quelque chose, mais de ne pas pouvoir s'en souvenir.

Lorsque les deux enquêtrices poussent la porte du salon de thé, tout le monde se retourne vers elles. Pendant quelques secondes, on n'entend plus un bruit. Puis tous **se déchaînent** d'un coup : quand est-ce qu'on pourra partir, on veut rentrer chez nous, les enfants sont traumatisés, ils ont faim, pourquoi est-ce qu'on ne nous dit rien ?

Irène lève les mains pour faire taire tout le monde. Quand le silence est revenu, elle dit :

« Je comprends votre situation. Encore un peu de patience, nous faisons de notre mieux pour vous laisser partir au plus vite. »

Une vieille femme se lève. Ses cheveux sont blancs comme la neige, remontés en **chignon**, et son visage est tout **ridé**. Elle parle fort, même si sa voix **tremblote** :

lorsque	als
se déchaîner	toben, *hier:* lospoltern, den Ärger rauslassen
chignon *m*	Dutt
ridé/e	faltig
trembloter	zittern

« Je m'appelle Louise du Valois. Je suis la propriétaire du château. Nos cuisines sont encore fermées, mais mes petites-filles, Rose et Albertine, vont vous faire du thé et du café. Elles vous donneront aussi des biscuits pour les enfants. »

Exercice 6 : Le gérondif. Ergänzen Sie jeden Satz mit dem Verb im *gérondif*!

1. Les experts répondent aux questions d'Irène ______________________ (continuer) de travailler.
2. Un expert examine la guillotine ______________________ (utiliser) une lumière bleue.
3. Philippe du Valois se ronge les ongles ______________ (faire) les cent pas.
4. Il lève la tête ___________________ (entendre) Irène s'approcher.
5. Ninon réfléchit ___________________ (marcher).

Deux jeunes femmes assises à la même table que Louise du Valois se lèvent à leur tour.

« Excusez-moi de ne pas l'avoir proposé plus tôt, nous sommes sous le choc », ajoute Louise du Valois.

Les jeunes femmes vont derrière le **comptoir**. Bientôt, on entend le bruit de la machine à café et des tasses qui **s'entrechoquent**.

Irène et Ninon s'approchent de la famille du Valois. Louise et son mari ont l'air[i] très âgés. *Environ 80 ans*, se dit Irène. Louise fait les présentations : « Mon mari, Richard. Notre fils, Charles, et sa femme,

comptoir *m*	Theke
s'entrechoquer	aneinander-stoßen

Meist wird ***avoir l'air*** (aussehen, wie) mit einem **Adjektiv** verwendet. Hier stellt sich die Frage, ob dieses Adjektiv an das Subjekt des Satzes angeglichen werden sollte, oder an *air* (maskulin; Miene).

Ist das **Subjekt eine Sache**, so wird das Adjektiv an dieses angeglichen, denn Dinge haben keine Miene, z. B.: *Ces pommes ont l'air bonnes.*

Ist das **Subjekt eine Person**, so gilt: Könnte man *avoir l'air* ersetzen durch *sembler*, wird an das Subjekt angeglichen, z. B.: *Elle a l'air perdue.* Könnte man auch sagen *avoir UN air*, liegt der Fokus also auf dem Gesichtsausdruck, wird an *air* angeglichen, z. B.: *Elle a l'air gracieux.*

Marie-Anne. Notre autre fils, Philippe, est en haut, vous avez déjà dû le voir. »

Les deux enquêtrices disent oui et Louise continue :

« Voici mes petits-enfants, François, Christophe, et les filles, Rose et Albertine. »

Son mari fait un geste plein de **fierté** :

« La famille du Valois au grand complet », dit-il.

fierté *f*	Stolz

Exercice 7 : Les contraires. Finden Sie im vorhergehenden Textabschnitt für jedes Wort sein „Gegenteil"!

1. adultes ____________________

2. bruit ____________________

3. doucement ____________________

4. ouverte ____________________

5. debout ____________________

6. mari ____________________

3 Un accident ?

Irène observe chaque visage et mémorise chaque prénom.

« Je m'appelle Irène Cerfeuille, je suis l'**OPJ** en charge de l'enquête. Et voici ma collègue, Ninon Raven.

– Pourquoi ne peut-on pas voir la victime ? demande Louise du Valois.

– Il est important pour l'enquête de **préserver** la scène, explique Irène. Nous ne pouvons laisser personne entrer dans la salle d'armes pour l'instant. Nous vous demanderons d'identifier la victime, si vous la connaissez, à partir d'une photo.

OPJ (officier/-ière de police judiciaire) *m/f*	Offizier/in der Gerichtspolizei
préserver	bewahren
ressentir le grand frisson *m*	den Nervenkitzel erleben
railleur/-euse	höhnisch, spöttisch
frissonner	zittern

– C'est probablement un touriste qui a voulu **ressentir le grand frisson** en se couchant sur la guillotine, dit Marie-Anne du Valois d'un ton **railleur**. Il a dû la faire bouger en s'allongeant, ce qui a fait glisser la lame.

– Vous pensez qu'il s'agit d'un accident ? demande Ninon.

– Bien sûr ! Vous ne croyez quand même pas que c'est un... ? »

Marie-Anne ne termine pas sa phrase.

« Un meurtre ? » dit Irène.

La femme hoche doucement la tête. Elle **frissonne**.

« Pourquoi pas ?

– Parce que... parce que... »

Marie-Anne n'arrive pas à parler. Son mari lui vient en aide :
« Qui serait[i] assez cruel pour guillotiner quelqu'un de nos jours ? »

cruauté *f*	Grausamkeit, Unmenschlichkeit
au fil de	im Laufe von
gardien/ne *m/f*	Hausmeister/in

Ninon trouve cette question étrange. La **cruauté** a toujours existé. Et il y a pire que la guillotine.
Sans répondre, Irène demande :
« Vous ne proposez que des visites guidées. Les touristes ne peuvent pas se promener seuls dans le château. Comment cet homme a-t-il pu se coucher sur la guillotine sans que personne ne le remarque ?
– Il a dû se cacher pendant la visite, dit aussitôt Charles du Valois. C'est déjà arrivé.
– Vos guides ne comptent pas les membres de leur groupe **au fil de** chaque visite, pour éviter cela ?
– Normalement si, bien sûr. Mais c'est parfois difficile, surtout avec les gros groupes.
– La victime est décédée dans la nuit, fait remarquer Ninon. Vous n'avez pas d'alarme ?
– Ou de **gardien** qui vérifie chaque pièce avant de fermer le château ? ajoute Irène.

i

Dass Handlungen stattfinden könnten bzw. nur unter bestimmten Bedingungen stattfinden würden, drückt man durch das ***conditionnel présent*** aus. Hier fragt sich Marie-Anne, wer grausam genug wäre, um jemanden zu guillotinieren. Das *conditionnel présent* wird gebildet, indem an den gleichen Stamm wie im *futur simple* die Endungen des *imparfait* angehängt werden. Man braucht das ***conditionnel*** auch für die Höflichkeitsform *Je voudrais un billet, s'il vous plaît.* Oder: *Tu pourrais me prêter de l'argent?*.

– Pauvre Marius, **soupire** Louise. Il **perd** un peu **la tête**. »
Irène et Ninon ont un regard interrogateur. Encore une fois, c'est Charles qui explique :
« Marius est notre gardien. Il **se fait vieux** et oublie parfois des choses.
– Et l'alarme ? » insiste Ninon.
Charles **hausse les épaules**.
« Il a dû oublier de la mettre.
– S'il est aussi incompétent, pourquoi ne prenez-vous pas un autre gardien ?
– Marius travaille avec nous depuis plus de 50 ans. Il était déjà là quand mon frère et moi étions petits. Il est comme un membre de la famille. »
Les enquêtrices se regardent. La famille du Valois ne semble pas prendre l'affaire très au sérieux.
« Nous aurons besoin de parler avec lui et avec les guides.
– Naturellement. »

soupirer	seufzen
perdre la tête	den Kopf/die Orientierung verlieren
se faire vieux/vieille	alt werden
hausser les épaules *f pl*	mit den Schultern zucken
en effet	tatsächlich
la veille *f*	Vorabend

« Je ne suis pas fait pour ce métier », n'arrête pas de répéter Michel.
Et **en effet**, en l'écoutant, Ninon se dit qu'il déteste vraiment être guide touristique. Il ne leur apprend rien d'intéressant au sujet des visites de **la veille**.
« Tout s'est passé comme d'habitude hier, dit-il. Mais ce matin... oh, ce matin... »
Quand Irène lui demande s'il a reconnu la victime, il reste

silencieux. Elle répète la question et il **secoue** doucement **la tête**. Ninon ne sait pas si ce mouvement est une réponse à la question de sa collègue. Michel **a l'air ailleurs**, perdu dans ses pensées. Elle lui donne sa carte :
« Appelez-moi si quelque chose vous revient », lui dit-elle.

secouer la tête	den Kopf schütteln
avoir l'air ailleurs	so aussehen, als ob man mit den Gedanken woanders ist

Exercice 8 : Entretien avec les du Valois. In die folgenden Aussagen haben sich Fehler eingeschlichen. Korrigieren Sie!

1. Marie-Anne pense que la victime est le gardien du château.

____

2. Elle est sûre que c'est un meurtre.

____

3. Son mari trouve que guillotiner quelqu'un n'est pas cruel.

____

4. Pour ne pas perdre de visiteurs dans le château, les guides leur donnent un GPS. ______________________

____

5. Marius est un jeune homme en pleine santé.

____

Wo im Deutschen das Wort **„Zimmer"** immer passt, muss man im Französischen unterscheiden zwischen: ***la chambre*** ((Schlaf-)Zimmer), ***la salle*** (hat eine bestimmte Funktion, wie z. B. *salle de bains* (Badezimmer)) und ***la pièce*** (für die räumliche Einteilung einer Wohnung, z. B. *un appartement trois-pièces* (Dreizimmerwohnung)).

Ninon va ensuite dans la salle de surveillance avec Charles du Valois. *Son visage m'est familier*, se dit-elle. Mais elle ne sait pas où elle pourrait l'avoir déjà vu. *Je dois le confondre avec quelqu'un d'autre.* La salle de surveillance est une petite pièce sans fenêtre, avec plusieurs écrans au-dessus d'un bureau en métal. Il n'y a qu'une seule chaise, en métal aussi. Ninon s'assoit. Charles du Valois reste debout à côté d'elle et explique qu'il n'y a pas de caméra dans la salle d'armes. *Ça serait trop facile*, se dit Ninon.

intimider	einschüchtern
de valeur *f*	wertvoll
bibelot *m*	Nippes

« La plupart des caméras du château sont des fausses. Elles sont juste là pour **intimider** les touristes », dit Charles.

Il n'y a de vraies caméras qu'à l'accueil et dans les pièces où il y a des objets **de valeur** faciles à voler : des **bibelots**, des bijoux, bref, des petits objets faciles à cacher dans une poche.

« Si quelqu'un essayait de voler une épée, ça se verrait tout de suite ! Pas besoin d'une caméra pour ça », plaisante Charles du Valois.

Es gibt zwei Möglichkeiten, das Verb ***(s')asseoir*** zu konjugieren. Im Präsens z. B. kann man entweder sagen/schreiben: *je m'assois, tu t'assois, il s'assoit, nous nous assoyons, vous vous assoyez, ils s'assoient* oder *je m'assieds, tu t'assieds, il s'assied, nous nous asseyons, vous vous asseyez, ils s'asseyent.*

Exercice 9 : Révision. Lesen Sie weiter und konjugieren Sie die Verben im Präsens!

Ninon **1.** ______________ (avoir) l'impression qu'il a honte et qu'il **2.** ______________ (rire) pour essayer de le cacher.
Ils **3.** ______________ (regarder) les vidéos de la veille, mais impossible de reconnaître la victime parmi les groupes de touristes. Les images **4.** ______________ (être) en noir et blanc et prises d'en haut : même en zoomant, on **5.** ______________ (voir) surtout des cheveux et des chapeaux. Ils regardent ensuite les vidéos de la nuit **en accéléré**. Personne. Si la victime était bien cachée dans le château, elle n'est **en tout cas** pas passée dans les pièces **équipées** de vraies caméras. Ninon **6.** ______________ (demander) à Charles du Valois de lui donner une copie de toutes les vidéos.

Pendant ce temps, Irène reste dans le salon de thé. François du Valois, un des petits-enfants des propriétaires, va chercher Marius, le gardien. Il revient avec lui moins de dix minutes plus tard.

en accéléré	im Zeitraffer
en tout cas	auf jeden Fall
équipé/e	ausgerüstet, *hier:* ausgestattet

« Marius habite dans la maison des gardes au fond du parc », explique Louise à Irène. En le voyant, l'enquêtrice ouvre de grands yeux. Elle s'attendait à voir un vieil homme **frêle** et tremblotant, ou marchant avec une canne. En fait, c'est un colosse : il mesure au moins 1,90 mètre et a de très larges épaules. Irène lui pose des questions, mais les réponses de Marius **sont** souvent **à côté de la plaque**. Et quand Irène insiste, il s'énerve.

« C'est la démence, dit Louise après le départ de Marius. Quand il a le sentiment qu'on ne l'écoute pas, il devient agressif. C'est pour ça qu'il ne travaille plus que le soir, après la fermeture du château. Avant, il faisait aussi des visites guidées. Ce n'est plus possible maintenant. Pourtant, il connait l'histoire du domaine comme sa poche. Et il est si gentil en réalité. »

frêle	zartgliedrig
être à côté de la plaque	völlig daneben liegen
accès *m* **de colère** *f*	Wutausbruch
mine *f*	*hier:* Gesichtsausdruck, Miene
dégoûté/e	angewidert

Irène dit qu'elle comprend, mais elle note mentalement que Marius peut avoir des **accès de colère** incontrôlés.

Entre-temps les autres guides sont arrivés. Irène les questionne un par un. Aucun d'eux n'a remarqué s'il manquait quelqu'un dans son groupe à la fin des visites d'hier. Irène leur montre une photo de la tête coupée que le médecin légiste lui a envoyée. Les guides font une **mine dégoûtée**, mais deux d'entre eux reconnaissent le visage de l'homme. Il est venu plusieurs fois ces derniers jours. Il a posé beaucoup de questions sur l'authenticité des lieux et des meubles.

Ninon rejoint sa collègue dans le salon de thé et les deux enquêtrices en profitent pour prendre un sandwich. Elles le mangent à une petite table ronde près d'une fenêtre. C'est déjà le milieu de l'après-midi. Elles ont faim et Irène dit toujours

que manger aide à réfléchir.
« Comment ça va avec Fabien ? demande-t-elle.

se disputer	streiten

– Bien, bien, répond Ninon sans la regarder.
– Tu es sûre ?
– Oui, oui. »
Irène n'insiste pas. Mais elle connait cette façon que Ninon a de fixer le sol et de répéter deux fois le même mot : elle **s'**est certainement encore **disputée** avec son petit ami.

Exercice 10 : La rencontre. Übersetzen Sie die Wörter, bringen Sie die markierten Buchstaben in die richtige Reihenfolge und finden Sie so heraus, wo Ninon und Fabien sich kennengelernt haben.

1. Hausmeister _ [_] _ _ _ _ _
2. Ermittlerin _ [_] _ _ _ _ _ _ _ _
3. Rechtsmediziner _ _ _ _ _ _ _ _
_ [_] _ _ _ _ _
4. Freund (i. S. v. Liebesbeziehung) _ _ _ _ _ _ _ [_] _
5. (Reise)führer _ _ [_] _ _
6. Kollegin [_] _ _ _ _ _ _ _

Ninon et Fabien se sont rencontrés au _ _ _ _ _ _ .

Ninon change de sujet :
« Tu crois à l'hypothèse de l'accident ?

– Non, répond Irène. Un touriste se laisse enfermer dans un château et personne ne voit rien ? Et puis, il est mort au milieu de la nuit. Le château ferme à 18 heures. Qu'est-ce qu'il a fait pendant tout ce temps ? »
Ninon est d'accord.
« Je me demande pourquoi il est venu plusieurs fois et a interrogé les guides sur l'authenticité des meubles, continue-t-elle. En tout cas, **ça ne colle pas** non plus **avec** l'hypothèse du touriste et du grand frisson.
« Oui, **acquiesce** Irène. Tout ça ressemble **assurément** à un meurtre. Alors qui sont nos suspects ?
– Quelqu'un qui a **accès** au château et à la salle d'armes. Les membres de la famille du Valois. Le gardien. Les guides.
– Ça fait pas mal de possibilités. Et tu as vu le niveau de sécurité ? Il est presque nul. Le gardien est à moitié dément. Il n'y a pas d'agent de sécurité. Les serrures des portes sont vieilles et faciles à **crocheter**. Même la salle de surveillance n'a pas de serrure sécurisée. Les caméras peuvent être **débranchées** en deux secondes. »
Les deux femmes finissent de manger en silence.

ça ne colle pas avec	das passt nicht zu
acquiescer	zustimmen
assurément	definitiv
accès *m*	Zugang
crocheter	häkeln, *hier:* knacken (mit einem Dietrich)
débrancher	den Stecker herausziehen
faire un tour sur soi-même	sich um seine eigene Achse drehen

Après leur repas, Ninon et Irène retournent dans la salle d'armes. Les experts viennent de terminer leur travail : l'examen de la scène a duré plus de cinq heures. Ils sont en train de ranger leur matériel.
Irène va au milieu de la pièce et **fait un tour sur elle-même**.

« Disons que la victime a voulu s'allonger sur la guillotine pour ressentir le grand frisson, dit-elle. Où s'est-elle cachée ? » Ninon aussi tourne sur elle-même. Elle regarde partout, mais ne voit pas de **cachette** possible. Il n'y a pas de rideaux aux fenêtres, pas de **recoin** dans la salle, ni de meubles. Seulement des armes aux murs et la guillotine au milieu.
« Impossible de se cacher dans cette pièce », dit-elle.
À cet instant, Irène reçoit un appel. C'est le médecin légiste. Elle écoute, dit « hum, hum... », écoute encore. Puis elle dit merci et raccroche.
« La victime a des **ecchymoses** sur les **poignets** et dans le dos. Comme si quelqu'un lui avait tenu les mains et l'avait **maintenue** allongée avec ses genoux. »
Les mots d'Irène **résonnent** dans la pièce.
« Pas de doute, **conclut** Ninon. C'est bien un meurtre. »

cachette *f*	Versteck
recoin *m*	Winkel
ecchymose *f*	Bluterguss
poignet *m*	Handgelenk
maintenir	*hier:* (fest) halten
résonner	dröhnen, *hier:* nachklingen
conclure	abschließen (Geschäft), *hier:* eine Schlussfolgerung ziehen

4 L'identité de la victime

Quand elle arrive au travail ce matin, Ninon se dirige en premier vers la cuisine. Elle est **épuisée**, elle a tout d'abord besoin d'une bonne tasse de café. Ensuite, elle rejoint Irène à son bureau. Des deux côtés de l'ordinateur, il y a plusieurs bouquets de fleurs et des cartes de félicitations. Ninon en prend une au hasard, sans réfléchir, et lit : *Bravo Irène, tu es vraiment la reine des enquêtrices !* Ninon trouve cette phrase ridicule, mais n'est pas étonnée. La carte est signée Didier, un collègue qui **a un faible pour** Irène. Elle repose la carte. Ce n'est pas la première fois qu'Irène aide à résoudre une grande enquête, mais cette affaire de meurtres en série en Belgique est probablement la plus importante de sa carrière.

épuisé/e	erschöpft
avoir un faible pour	eine Schwäche für jdm./etw. haben
col *m* **roulé**	Rollkragenpullover
ne pas avoir l'air *m* **dans son assiette** *f*	aussehen, als ob man sich nicht wohlfühlt

Irène regarde sa collègue. Contrairement à son habitude, Ninon est en retard. Elle a l'air fatiguée et porte un pull à **col roulé** malgré la chaleur encore attendue aujourd'hui.

« Tu **n'as pas l'air dans ton assiette**, fait remarquer Irène. Tout va bien ? » Ninon ne répond pas. Comme la veille, elle

Achtung, doppelte Bedeutung: *le bureau* kann sowohl Büro als auch Schreibtisch heißen – je nach Kontext.

baisse les yeux. Irène attend quelques secondes, mais sa collègue ne dit toujours rien.
« Ce sont les vidéos de surveillance qui t'ont tenue éveillée toute la nuit ? demande-t-elle pour la provoquer un peu.
– Oui, je les ai toutes regardées une nouvelle fois, dit Ninon sans réagir. Pas de trace de la victime le jour du meurtre. Je vais les donner au labo pour qu'ils regardent.
– Ça marche. De mon côté, j'ai vérifié les empreintes de la victime. Elles ne sont pas dans le fichier. On ne sait donc toujours pas qui c'est.
– Et les empreintes sur la guillotine ?
– Les experts ont identifié les empreintes de douze personnes différentes. Ils vont les comparer avec celles des du Valois, du gardien et des guides.
– Avec tous ces touristes, je m'attendais à pire, dit Ninon. Ils aiment bien toucher ce qui est interdit en général. »
Le sarcasme de Ninon fait sourire Irène.
« Je vais retourner au château de la Colombelle aujourd'hui, dit-elle. Je veux interroger une nouvelle fois la famille du Valois. »
Elle prend une pile de photos sur son bureau et la tend à sa collègue.
« Ce sont les photos de l'appareil de la victime. Différents châteaux de la région : Blois, Chenonceau, Chambord, Cheverny. Elles ont toutes été

Gerade im gesprochenen Französisch sind **Abkürzungen** sehr beliebt. Meistens werden eine oder mehrere Silben am Ende weggelassen, z. B.: *le labo (laboratoire), la photo (photographie), le/la coloc (colocataire*; Mitbewohner(in)), *le/la psy (psychologue/psychiatre).* Manchmal fällt auch der Anfang eines Wortes weg, z. B. *le bus (autobus).* Wörtergruppen werden häufig auf den ersten Buchstaben jedes Wortes reduziert – so wie bei *OPJ (Officier de Police Judiciaire)* oder *PTS (Police Technique et Scientifique).*

prises ces derniers jours. »
Sur le haut de la pile, il y a la photo de la tête décapitée.
« OK. Je vais aller voir aux châteaux si quelqu'un le reconnait », dit Ninon.
Elle **avale** le reste de son café d'un coup et va poser sa tasse dans l'**évier**.

avaler	(herunter) schlucken
évier *m*	Abwaschbecken
prise *f* **de vue**	Aufnahme (eines Bildes)
écarquiller les yeux *m pl*	große Augen machen
faire la grimace	das Gesicht verziehen

Les deux femmes vont ensemble au parking.
« On se tient au courant. À tout à l'heure ! »

Ninon prend sa voiture et va au château de Chambord(i), le plus proche. Derrière chaque photo, les agents du laboratoire ont écrit la date et l'heure de la **prise de vue**. Chambord est aussi le premier château où est allée la victime.
À l'accueil, une jeune femme demande à Ninon combien de tickets elle souhaite.
« Je ne suis pas là pour visiter », répond-elle.
Elle montre son badge :
« Lieutenant Ninon Raven. J'enquête sur un meurtre. »
L'hôtesse d'accueil **écarquille les yeux**. Ninon lui demande si elle était là le 7 juillet dernier. La jeune femme fait non de la tête. Elle n'était pas là, mais sa collègue, oui. Elle fait signe à une autre femme. La collègue **fait la grimace** et ferme les yeux en voyant

> **Chambord** ist das größte und eines der bekanntesten Loire-Schlösser. Es wurde im 16. Jahrhundert unter König François Ier gebaut und darf sich insbesondere auch wegen seines Gartens und seines Jagdparks zum Welterbe der UNESCO und zum französischen Label *monuments historiques* zählen. Jedes Jahr besichtigen das Schloss rund eine Million Besucher.

la photo de la tête coupée. Ninon est obligée d'insister pour qu'elle regarde mieux.
« Est-ce que vous reconnaissez cet homme ?
- Non.
- Vous êtes sûre ?
- Oui. Enfin... presque. Vous savez, il y a tellement de monde qui passe devant nous, comment se souvenir d'une personne parmi les milliers de visiteurs chaque jour ? »
Ninon comprend. Elle hoche la tête et demande les vidéos de surveillance. La première hôtesse d'accueil appelle le responsable de la sécurité et un quart d'heure plus tard, Ninon a les vidéos. Elle se met en route pour le château de Cheverny[i], le deuxième visité par la victime. Là, elle obtient les mêmes réponses qu'à Chambord.
Alors qu'elle retourne vers sa voiture pour aller au château suivant, elle a une idée. Elle appelle Irène.
« Tu as regardé les voitures sur le parking du château de la Colombelle ? »
Irène comprend tout de suite l'idée de sa collègue.
« Oui. Malheureusement, j'ai pu toutes les identifier.
- Pourtant, il n'y a pas d'autre moyen de transport pour arriver au château.
- Deux agents sont en train d'explorer les environs, à la recherche d'une voiture abandonnée. Mais je n'ai pas beaucoup d'espoir. La victime n'avait pas de clé de voiture dans ses poches. »

Das private Schloss **Cheverny** ist ebenfalls ein *monument historique* und wird seit 600 Jahren von derselben Familie bewohnt. Es ist dafür bekannt, dass es den Comiczeichner **Hergé** zur Darstellung von **Schloss Mühlenhof** *(le château de Moulinsart)* in „Tim und Struppi" inspiriert hat. Seit einigen Jahren gibt es im Schloss sogar eine Dauerausstellung zu *Tintin et Milou* und zur Arbeit von Hergé.

Exercice 11 : Mots-croisés. **Vervollständigen Sie die Sätze und füllen Sie das Kreuzworträtsel aus!**

Horizontal

1. La *victime* n'est pas visible sur les vidéos de surveillance.
2. Sur les photos de l'appareil de la victime, il y a des ________ .
3. Irène a reçu des cartes de ____________ et des
4. ____________ de fleurs de la part de ses collègues.

Vertical

1. Ninon rejoint Irène à son ____________ .
2. Douze personnes ont laissé leurs ____________ digitales sur la guillotine.
3. Irène aime le ____________ de sa collègue.
4. Ninon a besoin d'une tasse de café parce qu'elle est ____________ .

[1] V I C T I M [2] E

Ninon soupire. Encore une **impasse**.
Elle est sûre qu'elle n'apprendra rien sur la victime en interrogeant le personnel des châteaux de la Loire, mais pour l'instant, elle et Irène n'ont pas d'autre piste pour trouver l'identité de cet homme. Au château de Chenonceau, puis de Blois[i], elle n'en découvre pas plus.
Elle commande un café **à emporter** et le boit tranquillement, **adossée** à sa voiture. Elle a beaucoup trop chaud avec son col roulé. Elle transpire et voudrait l'enlever.
Son téléphone se met à sonner. C'est un collègue :
« Un guide du château de la Colombelle veut vous parler, à toi ou à Irène. C'est un de ceux qui ont reconnu la victime.
– OK, dit Ninon. Je rentre au commissariat. Je suis là dans 15 minutes. »
Ninon jette son **gobelet** vide dans une poubelle et saute dans sa voiture.

impasse *f*	Sackgasse
à emporter	zum Mitnehmen
adossé/e	gelehnt
gobelet *m*	Becher

« Monsieur Piorina », dit-elle en serrant la main du guide quand elle arrive.

Elle lui demande s'il veut boire quelque chose, puis le mène jusqu'à une petite pièce avec une table et deux chaises. Pendant qu'il prend place, elle va chercher deux nouvelles tasses de café. Quand elle revient, elle s'assoit en

i Kennen Sie das typische Bild eines weißen Schlosses mit Schieferdach und Türmchen, das wie eine Brücke über Wasser gebaut ist? Das ist das Schloss von **Chenonceau**, am Fluss Cher. Das Schloss von **Blois** war die Lieblingsresidenz der französischen Könige in der Renaissance Zeit.

face de l'homme, de l'autre côté de la table, et lui tend une tasse.

« Vous aviez quelque chose à me dire, dit-elle.

« Oui. Hier, je... Je ne vous ai pas tout dit. **Enfin**, j'ai oublié de vous dire quelque chose. Je ne sais pas si c'est important.

– Je vous écoute, dit Ninon.

– Et bien, voilà. L'homme qui est mort, je... je l'ai vu se disputer avec quelqu'un. Un autre guide. »

enfin	endlich, *hier:* genauer gesagt

Ninon sent son cœur battre plus fort.

Exercice 12 : Les questions. Was fragt Ninon den Schlossführer noch? Übersetzen Sie die Fragen – und zwar jeweils in der verlangten Form.

1. Warum haben Sie nichts gesagt? (Inversionsfrage)

Pourquoi n'avez-vous rien dit ?

2. Wann haben sie sich gestritten? (Frage mit *est-ce que*)

____

3. Wo waren Michel und das Opfer? (Intonationsfrage)

____

4. Haben sie sich geschlagen (se battre)? (Frage mit *est-ce que*)

____

5. Haben Sie gehört, was sie gesagt haben? (Inversionsfrage)

____

« Lequel ?
– Je... je ne veux pas lui créer de problèmes. Nous sommes collègues et... et c'est un type bien, vous savez...
– Bien sûr, répond Ninon, impatiente. Qui était-ce ?
– Michel... »

« Un témoin vous a vu vous disputer avec la victime le jour précédent le meurtre », dit Irène d'un ton strict.
Michel **se tortille** sur sa chaise. Un verre d'eau est posé devant lui. Il prend une **gorgée**, repose le verre. Ninon et Irène sont assises en face de lui. La pièce n'est pas accueillante et Michel se sent mal à l'aise.
« Vous nous avez dit que vous ne connaissiez pas cet homme », reprend Irène.
Michel a l'air étonné.
« Vraiment ? Je... je ne me souviens pas avoir dit ça.
– Quand je vous ai montré sa photo, hier.
– Ah... euh...
– Vous avouez donc maintenant que vous le connaissiez ? » **intervient** Ninon.
Elle se souvient de Michel la veille. Il avait l'air complètement perdu dans ses pensées.
« Je ne le connaissais pas vraiment. Mais je sais qui c'était. »
Michel se tait. Irène **tapote** la table avec ses doigts. Ce Michel commence à l'énerver. D'abord il a menti, et maintenant... Fait-il exprès de les faire **patienter** comme ça ?
« Alors ? Qui était-il ? demande-t-elle.
– C'était Arthur, le fils de Philippe du Valois. »

se tortiller	sich winden, *hier:* nervös hin und her rutschen
gorgée *f*	Schluck
intervenir	*hier:* einhaken
tapoter	leicht klopfen
patienter	sich gedulden, warten

5 Histoire de famille

Irène et Ninon n'en croient pas leurs oreilles, mais en bonnes professionnelles qu'elles sont, elles ne **laissent** rien **paraître**.

« Comment l'avez-vous rencontré ?

– C'était il y a une semaine, quand il est venu au château pour la première fois.

– Vous a-t-il tout de suite dit qui il était ?

– Non. Il est venu plusieurs fois au château. Je l'ai vu parler avec d'autres de mes collègues aussi.

– Lesquels ?

– Pierre Piorina et Corinna Bled. »

laisser paraître	sich anmerken lassen
contrefaire	fälschen
haut et fort	laut und deutlich, *hier:* lautstark

Les deux guides qui ont reconnu la victime. Irène hoche la tête.

« Quand vous a-t-il dit qui il était ?

– La deuxième fois que nous avons parlé. Au début, il ne voulait pas me le dire, puis il a essayé de me donner un faux nom, mais j'ai bien vu qu'il mentait.

– De quoi avez-vous parlé ?

– Il m'a posé des questions sur les meubles exposés dans le château. Je l'ai revu quelques jours plus tard. Il m'a de nouveau interrogé. Il semblait penser que certaines pièces de valeur étaient **contrefaites**, alors que les du Valois assurent **haut et fort** qu'ils ne présentent que des meubles d'origine.

– Vous pensez qu'il avait raison ?

– Aucune idée. Quand j'ai commencé les visites guidées, on m'a donné un texte. Je n'ai pas imaginé un instant que ces informations pouvaient être fausses.
– Est-ce la raison pour laquelle vous vous êtes disputé avec la victime ? »
Michel a une courte hésitation. Ça ne dure qu'une seconde, mais ça suffit pour qu'Irène et Ninon le remarquent.
« Oui, oui, c'est ça. Même si on ne peut pas vraiment dire que c'était une dispute. Nous avons élevé un peu la voix peut-être. »
À ce moment, Irène reçoit un appel. Elle laisse Ninon poursuivre seule.

Après l'interrogatoire de Michel, les deux enquêtrices décident de retourner immédiatement au château de la Colombelle.
« Je veux savoir pourquoi ils nous ont menti, dit Irène.

Exercice 13 : Vrai ou faux ? Welche Aussagen sind korrekt? Kreuzen Sie die richtigen Sätze an.

1. La victime est un membre de la famille du Valois. ❐

2. Michel connaissait la victime depuis très longtemps. ❐

3. Arthur s'intéressait aux meubles du château de la Colombelle. ❐

4. Michel choisit lui-même ce qu'il raconte aux visiteurs. ❐

5. Après Michel, Irène et Ninon veulent interroger Marius. ❐

6. Les du Valois doivent venir au commissariat. ❐

– Et l'appel que tu as reçu, c'était quoi ?
– Rien d'important. Le labo. Ils avaient besoin d'un renseignement sur une autre affaire. »

sec, sèche	trocken, *hier:* schroff
gagne-pain *m*	Existenzgrundlage, Broterwerb

Elle prend son téléphone et compose un numéro. Pendant que sa collègue appelle les du Valois pour leur demander de tous se rassembler, Ninon donne des instructions à ses collègues pour qu'ils confirment l'identité d'Arthur du Valois et rassemblent plus d'informations sur lui.

« Entrez, je vous en prie », dit Charles du Valois en ouvrant la porte.
Ses mots sont polis, mais son ton est un peu **sec**. Il n'est pas très content de cette nouvelle visite. Ce matin déjà, il a expliqué à Irène que l'enquête était gênante pour les affaires.
« Comprenez-moi. Je veux vous aider, mais vous n'imaginez pas les pertes que cette enquête représente pour nous, a-t-il dit. Nous ne pouvons pas accueillir les touristes alors que les visites de notre château sont notre seul **gagne-pain**.
– Je comprends, a répondu Irène. Plus vous coopérerez, plus vite l'enquête sera terminée et vous pourrez reprendre votre activité. »

Vorsicht, falscher Freund! *Les affaires* (im Plural) hat nichts mit einer Liebesaffäre zu tun, sondern bezeichnen das Geschäft im Sinne von Umsatz. Man kann auch *une bonne affaire* machen, also einen guten Deal. Im allgemeinen Sinn können ***les affaires*** auch einfach die Sachen bezeichnen, z. B.: *Il range ses affaires dans le placard.* Eine (Liebes)affäre ist auf Französisch *une aventure (amoureuse).*

Charles du Valois a soupiré en disant « bien sûr, vous avez raison. »

Maintenant, il mène les deux enquêtrices vers un salon où tout est rose clair : la tapisserie, les fauteuils, la moquette. La famille est déjà rassemblée autour d'une table basse. Albertine sert à Irène et Ninon un verre de thé glacé, puis elle s'assoit sur l'**accoudoir** d'un fauteuil, à côté de sa mère. Les enquêtrices se tiennent debout devant les du Valois. Elles peuvent ainsi observer chacune de leurs réactions.
Irène prend la parole :
« Nous avons identifié la victime. »
Elle fait une pause. Tous les regards sont fixés sur elle.
« Son nom est Arthur du Valois. »
Elle se tourne vers Philippe.
« Votre fils, monsieur.
– Mon fils ? » répète-t-il, mais il n'a pas l'air aussi surpris qu'Irène et Ninon l'avait imaginé.
Soit il n'a pas l'habitude de montrer ses émotions, soit il joue très bien la comédie.
Charles, comme d'habitude, **s'emporte**.
« Bien sûr que non, c'est impossible ! » dit-il en se levant **d'un bond**.
Louise **porte la main à sa bouche**. Les autres échangent des regards, murmurent chacun pour soi des choses **inintelligibles**. Irène laisse passer quelques secondes avant de demander :
« Vous n'avez jamais **mentionné** Arthur. Pourquoi ?

accoudoir *m*	Armlehne
s'emporter	in Zorn geraten
d'un bond	mit einem Satz
porter la main à sa bouche	sich die Hand vor den Mund schlagen
inintelligible	unverständlich
mentionner	erwähnen

– Nous ne l'avons pas vu depuis plus de dix ans. Il est parti étudier à Paris et il n'est jamais revenu, explique Louise.
– Pourquoi ? demande à son tour Ninon.
– Si seulement nous le savions ! Nous ne savons même pas s'il est encore en vie. Nous ne savions même pas s'il était encore en vie, se corrige Louise.
– Êtes-vous sûres que c'est lui ? » demande Christophe.
Ninon, qui a reçu confirmation **sur le trajet**, acquiesce.
« Quand est-il parti exactement ? demande-t-elle.
– Il avait 18 ans, dit Louise. Ça devait donc être en... »
Elle réfléchit.

sur le trajet	auf dem Weg

« C'était le 25 août 2012, dit Christophe. Je m'en souviens très bien, je l'ai accompagné à la gare. Il avait trouvé une chambre dans une colocation avec d'autres étudiants. Il avait promis de revenir au plus tard à Noël.
– Et aucun de vous ne l'a revu après ?
– Non. »
Irène se tourne vers Philippe :
« Vous non plus ? »
Philippe secoue la tête. Il pleure en silence.
« Nous le croyions disparu, murmure-t-il.
– Christophe est allé à Paris, à l'appartement d'Arthur, continue Louise. Mais il n'y habitait déjà plus et n'avait pas laissé de nouvelle adresse à ses colocataires. Christophe l'a cherché à l'université, a interrogé les étudiants... Impossible de le retrouver.
– Je suis quand même surprise qu'aucun d'entre vous ne l'ait[i] reconnu, fait remarquer Irène.
– Il a beaucoup changé en dix ans, répond Christophe.

– Et c'est difficile de reconnaître quelqu'un dont on a juste une photo de la tête coupée. Brrr ! » ajoute Marie-Anne avec un frisson.

Louise roule les yeux, elle **a** parfois **honte** des remarques de sa belle-fille. Irène demande une photo d'Arthur. La grand-mère envoie son mari, Richard, chercher un album. Quand il revient, elle le feuillette, puis prend une photo et la tend à Irène.

« C'est lui, quelques jours avant son départ. Il était si fier. »

Une larme coule au coin de son œil.

avoir honte *f*	sich schämen
s'apprêter à faire qc	im Begriff sein, etw. zu tun
au point que	dermaßen, dass

Les enquêtrices **s'apprêtent à partir**, mais Irène s'arrête à la porte du salon rose.

« Une dernière question, dit-elle. Les meubles exposés dans le château sont-ils d'origine ?

– Bien sûr ! s'exclame Charles. Nous n'avons que des pièces de collection. Je peux vous montrer les certificats si vous voulez. »

Um eine **subjektive Sichtweise** auszudrücken, wird im Französischen häufig der ***subjonctif*** verwendet, der mit *que* eingeleitet wird. Bestimmte Präpositionen und Wendungen machen diesen zwingend notwendig. Im Text kommt einige Male die *subjonctif*-Form von *avoir* in der dritten Person Singular vor: *qu'il/elle ait*. Hier zeigt sich Irène verwundert, dass niemand Arthur erkannt hat.

En retournant à la voiture de Ninon, Irène lui tend la photo.

« Qu'est-ce que tu en penses ?

– C'est vrai qu'il a changé, dit Ninon. Mais **au point que** personne dans sa famille ne l'ait reconnu ? Je ne suis pas convaincue.

– Moi non plus.

– Ils ont tous un alibi ?

Exercice 14 : La famille du Valois. **Ergänzen Sie den folgenden Text mit den passenden Wörtern!**

mari | femme | belle-fille | cousins et cousines | fils | neveu | frères

Charles et Philippe sont **1.** ____________ . Christophe, le **2.** ________ de Philippe, a trois **3.** ______________________ : Rose, François et Albertine. La victime, Arthur, est aussi le fils de Philippe et donc le **4.** ____________ de Charles. Louise a une **5.** ______________________ : Marie-Anne, la **6.** ___________ de Charles. Richard est le **7.** ____________ de Louise.

– Oui, répond Irène. Je les ai interrogés plusieurs fois sur le sujet, hier et ce matin. Leurs alibis semblent **tenir la route**. Ce qui n'est pas le cas pour plusieurs guides, dont Michel. »

Elles montent en voiture et se mettent en route. Leurs collègues leur ont envoyé l'adresse d'un hôtel à moins de deux kilomètres du château de la Colombelle. Une chambre y est réservée au nom d'Arthur du Valois depuis le 4 juillet. Cela explique l'absence de voiture abandonnée sur le

tenir la route	einleuchtend/ schlüssig sein

parking du château : la victime pouvait y aller à pied.
« J'aimerais interroger Michel une nouvelle fois, dit Ninon sur la route. Il ne nous a pas dit la vérité sur sa dispute avec Arthur du Valois, j'en suis sûre. »
Irène trouve que c'est une bonne idée. Elle aussi pense que Michel leur cache quelque chose.

gérant/e *m/f*	Geschäftsführer/in, *hier:* Hoteldirektor/in
s'accroupir	in die Hocke gehen
vente *f* **aux enchères** *f pl*	Auktion, Versteigerung

Quand elles arrivent à l'hôtel, le **gérant** les accompagne jusqu'à une porte portant le numéro 6 en chiffre doré. Il frappe[i], pour la forme.
« Monsieur du Valois ? »
Pas de réponse. Irène lui fait un signe de tête et il ouvre la porte avec une clé identique à celle retrouvée dans les poches de la victime.
« Merci », dit Ninon, puis les deux enquêtrices entrent dans la chambre et le gérant retourne à l'accueil.
Une valise est ouverte par terre, des vêtements sont posés sur une chaise, un ordinateur et des papiers étalés sur le petit bureau. Irène **s'accroupit** devant la valise. Ninon se penche sur le bureau. Il y a des documents sur la fabrication de faux meubles anciens, visiblement imprimés depuis Internet, des articles de journaux sur des **ventes aux enchères** et des photos imprimées de meubles. Ninon les

Achtung: Das Verb ***frapper*** kann man mit **„klopfen"** aber auch mit **„schlagen"** übersetzen: *Il frappe à la porte.* = Er klopft an die Tür. *Le boxeur frappe son adversaire au visage.* = Der Boxer schlägt seinen Gegner ins Gesicht.

examine de plus près. **On dirait** *l'intérieur du château de la Colombelle*, se dit-elle. Elle continue de regarder, lit quelques lignes ici et là. Tout à coup, elle lève la tête. *Je sais !* pense-t-elle.

on dirait	es sieht so aus, als ob/wie; man würde sagen, dass

6 La vérité ne sort pas que de la bouche des enfants

Dans la salle de bains, Irène **fouille** la **trousse de toilette** d'Arthur du Valois. Sur le bord du lavabo, il y a une brosse à dents, un tube de dentifrice, un déodorant.

fouiller	durchsuchen
trousse *f* **de toilette** *f*	Kulturbeutel
mise *f* **en scène** *f*	Inszenierung

Exercice 15 : Passé composé ou imparfait ? Lesen Sie weiter und wählen Sie die richtige Vergangenheitsform aus:

« Je sais où **1.** (je découvrais/j'ai découvert) le château de la Colombelle, dit Ninon. **2.** (Je voyais/J'ai vu) un reportage à la télé. Il y a quelques mois, je pense. Philippe du Valois **3.** (expliquait/a expliqué) comment lui et son fils Christophe **4.** (restauraient/ont restauré) eux-mêmes les meubles exposés dans le château. Il **5.** (avait/a eu) l'air beaucoup moins timide que maintenant. Et son frère Charles **6.** (insistait/a insisté) sur l'authenticité de leur domaine par rapport aux ‹ grands › châteaux de la Loire qui, selon lui, ne présentent que des répliques et des **mises en scène** pour attirer les touristes.

– Ça correspond à ce qu'ils **7.** (nous disaient/nous ont dit) . »

Irène sent qu'il y a quelque chose d'important dans ces informations, mais elle ne sait pas encore quoi.
« Le sujet du reportage n'était pas les châteaux **à proprement parler**. C'était les ventes aux enchères. Les du Valois venaient de vendre plusieurs pièces pour de très grosses sommes. Une chaise sur laquelle Richelieu aimait s'asseoir lorsqu'il conseillait le roi Louis XIII, une **coiffeuse** que Catherine de Médicis avait fait fabriquer pour sa chambre au château de Blois... Ça m'a marquée.
– Qu'est-ce que tu appelles de grosses sommes ?
– Plusieurs millions d'euros, si je me souviens bien.
– Dans ce cas, pourquoi Charles du Valois fait-il tant d'histoires ? se demande Irène à haute voix. Il **se plaint** que l'enquête empêche les visites du château comme s'il risquait de mourir de faim demain.

à proprement parler	eigentlich, genau genommen
coiffeuse *f*	Friseurin, hier: Frisierkommode
se plaindre	sich beschweren

– Ça semble un peu exagéré, en effet, confirme Ninon. Mais ça me fait penser à une chose que Michel a dite quand tu étais au téléphone : cela fait huit ans qu'il travaille pour les du Valois et durant cette période, ils ont eu plusieurs fois de gros problèmes d'argent. Surtout pendant la pandémie, les dettes se sont accumulées.
– Comment sait-il ça ?
– Il ne me l'a pas dit clairement, mais j'ai cru comprendre qu'il aimait bien écouter aux portes. »
Irène rit. Elle imagine ça très bien.
« Je me souviens qu'après ce reportage, Fabien a voulu aller voir ce genre de ventes aux enchères, dit Ninon comme pour

Das **Adverbialpronomen *y*** ersetzt Ortsangaben, die mit Präpositionen außer *de* eingeführt werden, sowie Verbergänzungen, die mit der Präposition *à* eingeführt werden: *Fabien veut trouver des clients dans les ventes aux enchères. → Il veut y trouver des clients. Ninon pense à ce que Michel a dit. → Elle y pense.*

elle-même. Il pensait pouvoir y trouver des clients **fortunés**. »

Irène regarde sa collègue, mais Ninon n'en dit pas plus. Son téléphone sonne. Ninon la voit **hausser les sourcils**, puis hocher la tête.

« Très bien, dit Irène. On arrive. »

Elle raccroche.

« Qu'est-ce qui se passe ?

– Louise du Valois est à l'hôpital. Le gardien, Marius, l'a attaquée et blessée à la tête. »

fortuné/e	vermögend, reich
hausser les sourcils *m pl*	die Augenbrauen hochziehen

Dans la voiture, Irène demande :

« Il en a trouvé finalement ?

– Quoi ?

– Des clients fortunés. Fabien.

– Je... je n'en sais rien.

Das **Adverbialpronomen *en*** ersetzt Ortsangaben, Mengenangaben oder Verbergänzungen, die mit der Präposition *de* eingeführt werden: *Irène est rentrée de Belgique. → Elle en est rentrée. Elle a reçu des cartes de félicitations. → Elle en a reçu. Ninon ne dit rien de plus (au sujet) de son petit ami. → Elle n'en dit pas plus.*

– Il ne t'en a pas parlé ? »

Ninon ne répond pas.

« Qu'est-ce qu'il fait déjà ? Tu m'as dit qu'il était marchand d'art, c'est ça ?

– Marchand ou trafiquant, qui sait ? marmonne Ninon.

– Qu'est-ce que tu dis ? »

La jeune femme secoue la tête.

« Rien, rien. Il est marchand d'art, oui.
– Qu'est-ce qui se passe avec lui ? demande Irène. Et ne me dis pas ‹ rien ›, je ne te croirai pas !

Exercice 16 : Les pronoms y et en. **Ersetzen Sie in den folgenden Sätzen die Ergänzungen jeweils durch *y* oder *en*!**

1. Le reportage parlait de ventes aux enchères.

____

2. Richelieu aimait s'assoir sur cette chaise.

____

3. Catherine de Médicis a fait fabriquer des meubles pour sa chambre.

____

4. Michel fait attention à ce que les autres disent.

____

5. Louise a été emmenée à l'hôpital.

____

– On ne peut pas en parler plus tard ? demande Ninon après un silence.
– Non, je veux savoir maintenant. Tu as un comportement étrange à chaque fois qu'on parle de lui. »

lâcher	loslassen

Ninon hésite encore, puis elle **lâche** le volant de sa main

droite et tire son col roulé vers le bas. Son cou apparaît. Il est couvert de bleus. On reconnaît la forme des doigts qui l'ont **enserré**.
« C'est Fabien qui t'a fait ça ? »
Ninon ne dit rien, mais des larmes coulent sur ses joues.
« Ce n'est pas la première fois, n'est-ce pas ? »
Et comme Ninon ne dit toujours rien, Irène demande :
« Pourquoi tu ne le quittes pas ?
– Je n'y arrive pas... » souffle Ninon.

Elles arrivent à l'hôpital. Ninon a séché ses larmes, aucune trace de ses soucis n'est visible sur son visage. Dans la salle d'attente, la famille du Valois est au grand complet. Les enquêtrices vont directement dans la chambre de Louise.
« Que s'est-il passé, Madame du Valois ? demande Irène.
– Je parlais avec Marius, dit-elle. Il a eu une de ses crises, il s'est mis en colère. Tout est allé très vite.
– De quoi parliez-vous ?
– Il voulait faire sa ronde pour fermer le château. J'ai essayé de lui expliquer que ce n'était pas nécessaire puisque le château est resté fermé aujourd'hui. Mais il n'a pas compris, il avait déjà oublié le... l'**incident**.

enserrer	umschließen
incident *m*	Vorkommnis
se fâcher	wütend werden, sich aufregen

– Vous voulez dire le meurtre de votre petit-fils, corrige Ninon.
– O... oui. Marius **s**'est **fâché**, et quand j'ai mentionné le nom d'Arthur, il... il m'a frappée.
– Marius connaissait-il Arthur ?
– Oui, bien sûr. Comme nous vous l'avons dit, Marius travaille chez nous depuis des dizaines d'années.

– D'après vous, savait-il qu'Arthur était de retour ?
– Je ne sais pas... Vous ne pensez tout de même pas que Marius... ?
– Nous explorons toutes les possibilités », dit Irène.
Elle et Ninon vont ensuite voir le médecin.
« Les blessures de Mme du Valois sont superficielles, dit-il. Il y **a eu plus de peur que de mal**.
– Où se trouve Monsieur Marius Dumoulin ? demande Ninon.
– Chambre 218. Il dort. Nous avons dû lui donner un **sédatif** pour le calmer. »
Les enquêtrices remercient le médecin et prennent l'ascenseur pour aller à la chambre 218. Marius **ronfle** doucement. Ses poignets et ses **chevilles** dépassent du drap blanc. Irène propose à Ninon de retourner voir les du Valois en attendant que Marius se réveille, mais à ce moment, il ouvre les yeux. Il regarde autour de lui d'un air apeuré. Il ne sait pas où il est.

avoir plus de peur *f* **que de mal** *m*	mit dem Schrecken davonkommen
sédatif *m*	Beruhigungsmittel
ronfler	schnarchen
cheville *f*	Fußknöchel
apaisant/e	beruhigend
grogner	knurren, *hier:* fauchen
s'agiter	aufgeregt sein

« Monsieur Dumoulin, dit Ninon d'une voix **apaisante**. Vous êtes à l'hôpital. Je suis Ninon Raven, et c'est ma collègue Irène Cerfeuille. Nous sommes de la police, vous vous souvenez ? »
Il **grogne** et **s'agite**.
Irène appelle une infirmière. Elle lui montre son badge de police et dit qu'elle veut parler à Marius. L'infirmière s'approche du vieil homme et lui prend la main en souriant pour l'apaiser.
« Nous avons quelques questions à vous poser, reprend Ninon. Connaissez-vous Arthur du Valois ? »

Exercice 17 : Mots en escalier. **Lösen Sie das Treppenrätsel, um herauszufinden, wie Louise Marius betrachtet!**

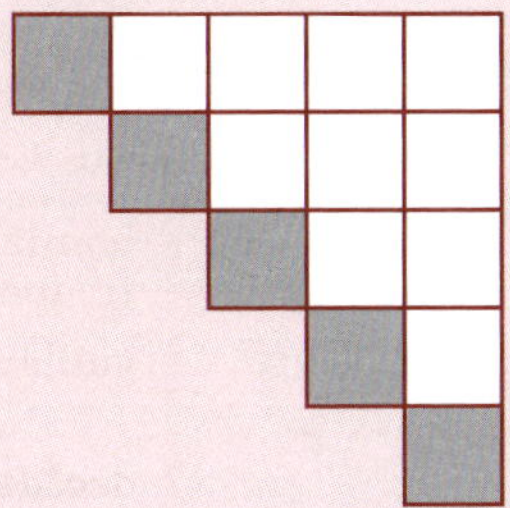

1. Marius s'est _ _ _ _ _ quand Louise a prononcé le nom d'Arthur.

2. Le contraire de fréquent.

3. Une longue période historique.

4. Note de musique entre do et mi.

5. La 5e lettre de l'alphabet.

Louise considère Marius comme un _ _ _ _ _.

Le vieux gardien tourne la tête vers elle et sourit.
« Bien sûr, le petit Arthur. Pauvre garçon... »
Irène et Ninon pensent qu'il parle de la façon dont le jeune homme est mort et sont surprises qu'il s'en souvienne. Mais Marius continue :
« Il n'a jamais été accepté par sa famille.
– Comment ça ?

– À cause de sa mère[i]. Ce n'était pas une ‹ **bonne fréquentation** › »

Marius mime les **guillemets** autour des mots « bonne fréquentation ». Et il se met à raconter :

« La femme de Philippe est **décédée** d'une maladie grave peu après la naissance de Christophe. Richard et Louise l'adoraient. Charles et Marie-Anne aussi. Et bien sûr, Philippe. Après sa mort, il n'a plus jamais été le même. Quelques années plus tard, il a eu une aventure avec une femme. La mère d'Arthur. Elle est tombée enceinte, mais elle n'**avait** pas **les moyens** de s'occuper du bébé et les du Valois n'ont pas voulu l'accueillir dans la famille. Louise et Richard lui ont donné beaucoup d'argent et lui ont fait promettre de ne jamais revenir. Mais plus il grandissait, plus Arthur ressemblait à sa mère. Ça ne leur plaisait pas, aux du Valois… »

Ninon et Irène se regardent. Marius sait-il vraiment ce qu'il dit ?

« Pourquoi Arthur est-il parti ? demande Ninon.

– La famille **l'a mis à la porte**.

bonne fréquentation *f*	guter Umgang
guillemets *m pl*	Anführungszeichen
décéder	sterben
avoir les moyens *m pl*	sich etw. leisten können, genug Geld haben
mettre qn à la porte	jdn. hinauswerfen

i Bei der Übersetzung des deutschen Wortes **„wegen"** muss man im Französischen unterscheiden: Geht es um einen negativen oder einen neutralen Zusammenhang, benutzt man die Präposition ***à cause de***: *Arthur était mal aimé de sa famille à cause de sa mère.* Ist der Zusammenhang positiv, verwendet man ***grâce à*** – was man im Deutschen auch als „dank" oder „mithilfe" übersetzen kann: *Les du Valois ont gagné beaucoup d'argent grâce à leurs meubles historiques.*

Ils ne l'aimaient pas et il le sentait. Ils se disputaient tout le temps. Un jour, les choses ont **dégénéré**. Arthur est parti retrouver sa mère. »

Ce n'est pas du tout ce que les du Valois ont dit aux enquêtrices.

« Comment savez-vous ça ? demande Irène.

– Il me l'a dit.

– Vous êtes resté en contact avec lui ?

– Oui. Il a retrouvé sa mère, mais elle avait **dépensé** tout l'argent des du Valois depuis longtemps. Ils vivent dans des conditions misérables.

– Quand avez-vous vu ou parlé à Arthur pour la dernière fois ?

– Arthur ? Ce matin, pourquoi ?

– Vous avez vu Arthur du Valois ce matin ? insiste Irène.

– Oui, il a retrouvé sa mère.

– Monsieur Dumoulin, Arthur est mort avant-hier. Il a été tué.

– Mais non, il vient dîner avec moi ce soir ! »

dégénérer	eskalieren, sich verschlechtern
dépenser	ausgeben
en revanche	hingegen
récent/e	kürzlich, neu

Irène et Ninon vont parler au médecin qui s'occupe de Marius.

« Monsieur Dumoulin a encore une très bonne mémoire des événements anciens, dit-il. **En revanche**, il oublie très souvent les choses **récentes**. Il peut aussi confondre les personnes ou leur nom, par exemple. C'est typique des personnes atteintes de démence.

– Donc tout ce que nous a dit Marius sur le passé d'Arthur du Valois est probablement vrai, dit Irène à Ninon quand elles sont de nouveau seules.

– La famille du Valois a des explications à nous donner. »

Mais quand elles retournent à l'étage de la chambre de Louise, les du Valois ne sont plus là.
« Madame du Valois a demandé à rentrer chez elle, et comme ses blessures n'étaient pas graves, j'ai autorisé sa sortie », dit le médecin.

Exercice 18 : La vérité. Welche Aussagen sind korrekt?

Kreuzen Sie an!

1. Richard et Louise adoraient la mère de

a) Christophe. ❒

b) Arthur. ❒

2. Après la mort de sa femme, Philippe

a) s'est remarié. ❒

b) a eu une aventure avec une autre femme. ❒

3. La mère d'Arthur a promis de ne jamais revenir en échange

a) de beaucoup d'argent. ❒

b) d'une nouvelle identité. ❒

4. En réalité, Arthur est parti

a) pour ses études. ❒

b) parce que sa famille l'a mis à la porte. ❒

5. Arthur et sa mère vivaient

a) dans de très bonnes conditions. ❒

b) dans la pauvreté. ❒

7 Maudit château

Les choses vont tout à coup très vite. Avec ce que Marius leur a dit, Irène et Ninon retrouvent la mère d'Arthur. Elles lui rendent visite dans son minuscule appartement en **banlieue** de Paris. Dans le même temps, le laboratoire contacte Irène et confirme que les empreintes de plusieurs membres de la famille du Valois sont sur la guillotine. Celles de Michel aussi, mais pas celles de Marius. Les experts ont aussi analysé les vidéos de surveillance. Résultat : elles ont été **trafiquées**. Toutes les images de la nuit du meurtre ont été **effacées** et remplacées par d'autres images plus anciennes. On ne voit donc pas qui s'est promené dans le château cette nuit-là, mais il est évident que c'était quelqu'un qui sait très bien comment fonctionne le système de surveillance. Ninon pense à Charles. Il maniait si vite les commandes des vidéos de sécurité quand il les lui a montrées. Enfin, la vérification des alibis des différents suspects élimine définitivement Marius, qui était au bar du village et y est resté même

banlieue *f*	Stadtrandgebiet
trafiquer	verfälschen
effacer	löschen

Es gibt zwei Hauptregeln für die **Reihenfolge der Pronomen**: 1) Das Pronomen der 1. und 2. Person kommt vor dem Pronomen der 3. Person. 2) Das Pronomen für das direkte Objekt kommt vor dem Pronomen für das indirekte Objekt. Oder als verkürzte **Merkregel**: Subjekt + *me/te/se/nous/vous/se* + *le/la/les* + *lui/leur* + Verb.

après la fermeture, à parler du passé avec le propriétaire. Elle élimine aussi Michel, qui avait dit ne pas être sorti de chez lui. Son immeuble moderne est équipé de caméras. Les images ont confirmé qu'il était rentré à 19h30 et ressorti seulement le lendemain matin, à 8h15.

Il ne reste donc que la famille du Valois. Mais qui, **parmi** eux, est le tueur ? Pour le découvrir enfin, Ninon et Irène ont réuni tous les membres de la famille dans la salle d'armes.
« Vous avez trouvé l'assassin ? demande Louise.
– Oui, bluffe Irène. Et il se trouve parmi vous. »
Philippe **se redresse**, Marie-Anne met ses deux mains sur sa bouche, Richard se frotte le menton. Les jeunes échangent des regards. Louise et Charles s'exclament **en chœur** :
« Quoi ?! Comment osez-vous ? »
Irène reste **impassible**.
« Arthur n'est pas parti **de son plein gré**, il y a dix ans. Vous l'avez chassé. Il est allé retrouver sa mère, cela lui a pris un peu de temps, mais ça n'a pas été si difficile. Il avait quelques économies, mais elles **n'**ont **pas fait long feu**. Lui et sa mère vivaient dans la pauvreté. Nous avons retrouvé sa mère et avons pu le constater par nous-mêmes. »
Les yeux des du Valois s'écarquillent de plus en plus au fil des mots d'Irène. Ils n'étaient visiblement pas au courant qu'Arthur avait retrouvé sa mère et vivait avec elle depuis tout ce temps.

parmi	unter
se redresser	sich aufrichten
en chœur	im Chor, gleichzeitig
impassible	ungerührt
de son plein gré *m*	freiwillig
ne pas faire long feu *m*	nicht lange reichen

« Il y a quelques mois, il lui a dit qu'il avait trouvé un moyen d'obtenir une grosse somme d'argent. Il ne lui a pas dit comment, mais nous avons vérifié, c'était quelques jours après un reportage à la télévision.
– Un reportage dans lequel vous, Monsieur, dit Ninon en regardant Philippe, expliquiez que vous restaurez des meubles anciens avec votre fils Christophe. Et dans lequel vous, Monsieur, dit-elle en se tournant vers Charles, avez dit que vous veniez de toucher beaucoup d'argent grâce à de belles ventes aux enchères. »
Charles veut dire quelque chose, mais Louise lui pose une main sur le bras pour l'en **empêcher**.
« Ma théorie, reprend Irène, est qu'Arthur est venu vous voir pour vous demander de l'argent.
– C'est ridicule, dit Charles.
– Mais vous avez refusé de lui en donner. Parce que vous avez tant de **dettes** que vous avez déjà tout **liquidé**, ou peut-être simplement parce que vous ne vouliez pas partager vos **gains** avec un *bâtard.* »

empêcher	verhindern
dette *f*	Schuld
⚡ **liquider**	*hier:* das ganze Geld ausgeben
gain *m*	Gewinn
tort *m*	Unrecht

Irène a fait exprès de prononcer ce mot. La réaction ne se fait pas attendre :
« Comment osez-vous ? s'écrie Philippe. C'est de mon fils que vous parlez !
– Un fils que vous avez abandonné, répond sèchement Ninon. Pourquoi déjà ? »
Philippe tremble de tout son corps.
« Elle n'a pas **tort**, murmure Marie-Anne.
– Qu'est-ce que tu as dit ? demande Philippe.

Exercice 19 : Devinette. **Bilden Sie aus den vermischten Buchstaben das jeweils fehlende Wort. Die überzähligen Buchstaben verraten Ihnen, wie Arthurs Mutter heißt!**

1. Le remrurseti ***meurtrier*** est un membre de la famille du Valois.
2. Arthur n'avait pas assez d' méecnooiso ____________ pour lui et sa mère.
3. Un gaeporpter ____________ lui a donné une idée pour devenir riche.
4. Il prévoyait de bientôt avoir une grosse emhoms ____________ d'argent.
5. Philippe et Christophe affirment qu'ils riueteanrst ____________ des meubles anciens.
6. Ils les vendent ensuite dans des ventes aux nceresèhe ____________ .

La mère d'Arthur s'appelle ***S*** _ _ _ _ _ .

– Tu m'as très bien entendue. Quelle idée tu as eu de fréquenter cette **catin** ? »
Philippe veut se jeter sur sa belle-sœur, mais Ninon le retient.
« Restez tranquille, Monsieur.
– Arthur **n'**allait **pas se laisser abattre** aussi facilement, dit Irène. Alors il vous a **menacés**.

– De quoi aurait-il pu nous menacer ? demande Louise d'un ton à la fois calme et **indigné**.
– De révéler à tout le monde que vos meubles sont de fausses antiquités. Arthur connaissait sa famille. Il a tout de suite compris que ‹ restaurer › voulait en fait dire ‹ fabriquer ›, ‹ contrefaire › des meubles anciens.
– **Je ne vous permets pas !** » s'exclame Louise.
Ninon l'ignore.
« Ce que je ne comprends pas, dit-elle, c'est comment les choses ont pu aller aussi loin. Vous avez assassiné un membre de votre famille, juste pour ne pas lui donner d'argent. »
Elle se tourne vers sa collègue :
« Tu comprends ça, toi ?
– Non. **Ça me dépasse**, répond Irène.
– C'était un accident ! dit alors tout à coup François.
– Tais-toi ! lui ordonne sa grand-mère.
– Mais c'est vrai ! »
Il se tourne vers les enquêtrices.
« On ne voulait pas lui faire de mal. Juste **l'effrayer** un peu, pour qu'il retire ses menaces.
– Tu vas te taire, oui ? » **gronde** Louise.
Mais le jeune homme continue, aidé par sa sœur Rose :
« Tout l'argent était parti dans les réparations du château. Vous savez combien ça coûte, l'entretien d'un bâtiment comme ça ? On ne s'en sort pas !

catin *f*	Prostituierte
ne pas se laisser abattre	sich nicht unterkriegen lassen
menacer	drohen, bedrohen
indigné/e	empört
Je ne vous permets pas !	Das verbitte ich mir!
Ça me dépasse.	Das übersteigt meine Vorstellungskraft.
effrayer qn	jdm. Angst machen
gronder	ausschimpfen, *hier:* fauchen

– C'est déjà difficile en temps normal, mais avec la pandémie, ça n'a fait qu'**empirer**. Sans les visites, nous n'avions plus aucune rentrée d'argent.
– Maudit château... »
Louise essaye une nouvelle fois de faire taire ses petits-enfants, mais ils ne l'écoutent pas.
« On lui a proposé de lui donner de l'argent plus tard, mais il ne voulait rien entendre. Il voulait des millions, et tout de suite. »
Le silence tombe dans la pièce.
« Si c'était un accident, demande Irène, pourquoi avoir pris des photos d'autres châteaux de la Loire à l'avance et avoir déposé l'appareil à côté du corps ?
– De quoi parlez-vous ? demande Philippe, sincèrement surpris.
– L'appareil photo trouvé à côté du corps d'Arthur n'était pas le sien. Vous avez pensé à **essuyer** vos empreintes et presser les doigts d'Arthur sur le boîtier. Mais vous n'avez pas essuyé la **carte mémoire**. Ce sont vos empreintes qui sont dessus, Madame, dit Irène à Louise.
– Mamie ? »
Albertine et Rose regardent leur grand-mère des questions plein les yeux. Visiblement, ce sont elles qui sont allées visiter et photogra-

empirer	schlimmer werden, sich verschlechtern
essuyer	abputzen, wegwischen
carte mémoire *f*	Speicherkarte

Kosenamen für Familienmitglieder sind: *maman* für die Mutter, *papa* für den Vater, *tata* für die Tante, *tonton* für den Onkel. Vorsicht: ***mamie*** bedeutet nicht „Mami", sondern „Oma". Auch *mémé* wird für die Oma verwendet. Der Opa heißt *papy* (oder *pépé*).

phier les châteaux. Sans savoir à quoi serviraient les photos ensuite.

« Je savais qu'on ne pourrait pas compter sur Charles pour **se débarrasser du** corps, dit alors Louise d'un ton **accusateur**. J'ai bien fait de **prévoir** une solution de secours. »

Ses yeux lancent des éclairs de **défi**. Elle vient d'avouer le meurtre d'Arthur du Valois **avec préméditation**, mais la haine est plus forte.

« Il n'y a que des **bons à rien** dans cette famille !

se débarrasser de qc	etw. loswerden
accusateur/-trice	anklagend
prévoir	einplanen
défi *m*	Herausforderung
avec préméditation	vorsätzlich
bon/ne à rien *m/f*	Nichtsnutz
électrocuter	durch einen elektrischen Schlag töten
rétorquer	erwidern

– Le sale boulot, c'est toujours pour moi ! s'exclame Charles. Si tu étais sûre que je ne le ferais pas, pourquoi me l'as-tu demandé ?

– Vous aviez *prémédité* de tuer Arthur ? demande Philippe horrifié.

– C'était l'idée de ton père, dit Louise.

– Mais la guillotine, c'était l'idée de Marie-Anne, dit Richard, comme si cela rendait ce qu'il avait fait moins grave.

– Vous vouliez l'**électrocuter** dans sa douche ! **rétorque** Marie-Anne. Mon idée était bien meilleure ! »

Les du Valois continuent de s'accuser les uns les autres. Ils parlent tous en même temps, de plus en plus fort, jusqu'à crier. Les enquêtrices en ont assez entendu. Irène passe un appel et les agents de police qui attendaient dehors arrivent. Ils arrêtent tous les membres de la famille avant qu'ils ne commencent à se battre. Bientôt, Irène et Ninon se retrouvent seules dans la salle d'armes.

Louisette est **resplendissante** dans la lumière orangée du soir.

resplendissant/e	glänzend

Exercice 20 : Les pronoms relatifs. Füllen Sie die Lücken mit dem richtigen Relativpronomen.

laquelle   où   qui   que   qu'   dont   auxquelles

1. Irène fait exprès d'utiliser un mot ____________ provoque Philippe.

2. Les visites grâce ________________ les du Valois financent le château ont cessé durant la pandémie.

3. Albertine et Rose ne savaient pas à quoi serviraient les photos ____________ elles ont prises.

4. La carte mémoire, sur ____________ Louise n'a pas essuyé ses empreintes, est une preuve.

5. Charles n'a pas effectué la mission ____________ sa mère l'avait chargé.

6. La pièce ____________ a eu lieu le crime est interdite au public.

Quelques jours plus tard...
Irène et Ninon font une pause à la terrasse d'un café. Pas un nuage, la chaleur est encore plus forte que la semaine dernière. Ninon met ses lunettes de soleil.
« Michel est passé ce matin pour régler les derniers détails de sa déposition, dit-elle. Et il a enfin avoué la vraie raison de sa dispute avec Arthur.
– Ah oui ?
– Arthur voulait son aide pour faire pression sur sa famille. Mais Michel ne voulait pas **s'en mêler**.

se mêler de qc	sich in etw. einmischen
gâchis *m*	Vergeudung

– Pourquoi ne nous l'a-t-il pas dit, tout simplement ?
– Il soupçonnait déjà les du Valois du meurtre d'Arthur et avait trop peur d'eux.
– Tout ça pour un château, soupire Irène. Richard, Louise, Charles, Marie-Anne et Christophe vont probablement passer le reste de leur vie en prison. Et les autres vont y rester un certain nombre d'années aussi. Non seulement ils n'ont pas empêché le meurtre, mais ils se sont ensuite rendu complices par leur silence.
– Oui, quel **gâchis**.
– Comme l'a dit François, maudit château...
– Maudite famille », corrige Ninon.
Irène sourit. Pendant quelques minutes, les deux femmes boivent leur café en silence.
« Au fait, dit Ninon. Fabien a été arrêté. Il est accusé de fraude. Quelque chose en rapport avec des ventes aux enchères... »
Elle fixe sa collègue, qui prend un air innocent.
« Vraiment ?
– Ne fais pas semblant, dit Ninon avec un sourire. Je sais que tu es derrière son arrestation.

– Tu ne pensais quand même pas que j'allais le laisser te faire du mal. Je t'ai entendu marmonner que c'était un **escroc** et j'avais moi-même déjà eu cette impression quand tu es venue avec lui à l'apéritif de Noël avec les collègues. Quand tu as dit qu'il s'était montré intéressé par les ventes aux enchères, j'ai mené mon enquête. Je sais que tu étais amoureuse de lui, mais excuse-moi de te dire qu'il n'est pas très **malin**. Ça n'a pas été difficile de découvrir ce qu'il faisait.

escroc *m*	Betrüger
malin/-igne	clever, schlau
compter sur qn	sich auf jdn. verlassen

– Il va aller en prison ?

– Oui, et pour longtemps ! Tu peux **compter sur moi** pour présenter au juge un dossier de preuves en béton. »

Test final
Solutions
Glossaire
Liste des exercices

Test final

Exercice 1 : Ordre chronologique. **Ordnen Sie die folgenden Ereignisse chronologisch!**

a) Irène et Ninon découvrent qui a tué Arthur.

b) Les experts examinent la scène de crime.

c) Michel et son groupe découvrent un corps sans tête.

d) Michel apprend aux enquêtrices l'identité de la victime.

e) Michel se dispute avec Arthur du Valois.

f) Les du Valois chassent Arthur de la famille alors qu'il a 18 ans.

g) Irène et Ninon interrogent les du Valois, les guides et Marius.

1	2	3	4	5	6	7

Exercice 2 : La vie en couleurs. **Setzen Sie die Farbadjektive in der richtigen Form ein.**

1. La moto d'Irène est ***verte*** (vert).

2. Ninon a une voiture ______________ (gris argenté).

3. Les experts utilisent de la lumière ___________ (bleu) et des lunettes ___________ (orange) pour détecter les traces de sang.

4. Pour relever les empreintes, ils ont de la poudre __________ (noir).

5. Les murs de la salle d'armes sont __________ (vert foncé) et les poutres du plafond sont __________ (marron).

6. Tous les meubles du salon des du Valois sont __________ (rose).

Exercice 3 : Les expressions. Verbinden Sie die Verben mit den passenden Elementen, um Ausdrücke zu bilden!

1. avoir	a) la grimace
2. hausser	b) à côté de la plaque
3. écarquiller	c) les moyens
4. faire	d) le grand frisson
5. être	e) les yeux
6. ressentir	f) les sourcils

Exercice 4 : Irène et Ninon. Welche Beschreibungen passen zu Irène und welche zu Ninon? Ordnen Sie zu! Aufgepasst, eine der Beschreibungen passt zu beiden!

cheveux mi-longs | mince | expérimentée

cheveux courts | motarde | plus jeune

refuse de parler de son petit ami | brune

Irène	Ninon

Exercice 5 : Le conditionnel présent. **Konjugieren Sie die Verben im *conditionnel présent*!**

1. Si la guillotine mesurait moins de trois mètres de haut, le couperet ne ***pourrait*** (pouvoir) pas couper de têtes.
2. « J' ________ (aimer) être comme Irène », se dit Ninon.
3. Marie-Anne se demande qui ________ (être) assez cruel pour guillotiner quelqu'un.
4. Les du Valois ________ (vouloir) que l'enquête se termine vite.
5. « Si nous n'aimions pas autant Marius, nous ________ (avoir) un autre gardien. »

Exercice 6 : L'intrus. **Welches Wort tanzt aus der Reihe? Unterstreichen Sie!**

1. cuisine | salle d'armes | bouclier | chambre | salon
2. parking | chevaliers | dragons | princesses | fées

3. valets | domestiques | cuisinières | femmes de chambre | maîtres

4. belle-fille | grand-père | sœur | petit-fils | gardien

5. chaise | table | coiffeuse | ecchymose | fauteuil

Exercice 7 : Qui fait quoi ? Verbinden Sie jeweils ein du Valois mit seiner Handlung!

1. Louise	a) ne savait pas que le meurtre était prémédité.
2. Charles	b) pensait que sa famille contrefaisait des meubles.
3. Marie-Anne	c) avoue le meurtre de son petit-fils.
4. Philippe	d) n'aimait pas la mère d'Arthur.
5. Christophe	e) montre les vidéos de surveillance à Ninon.
6. Arthur	f) dit qu'il est allé à Paris pour chercher son frère.

Exercice 8 : Les comparatifs. Bilden Sie Sätze mit einem Komparativ!

1. Ninon / Irène / jeune / +

Ninon est plus jeune qu'Irène.

2. Ninon / Irène / avoir de l'expérience / –

____

3. Robert / les autres médecins légistes / bon / +

____

4. Christophe / son père / doué / =

Pour restaurer des meubles,

---

5. être électrocuté / être guillotiné / mauvais / +

Pour Marie-Anne,

Exercice 9 : Irène et Antoine. In den folgenden Text über Irène und ihren Ehemann haben sich ein paar überflüssige Wörter eingeschlichen. Suchen Sie diese, um herauszufinden, was für einen Beruf Irènes Ehemann ausübt!

Le mari d'Irène s'appelle le Antoine. Elle l'a rencontré lors d'une enquête : il était mari témoin dans l'affaire. Ils sont rapidement tombés amoureux et se sont mariés un an plus tard. Ils n'ont pas d'Irène d'enfants. Comme Irène, Antoine est passionné est par son métier. Il travaille beaucoup et doit souvent voyager. Irène et lui ont une médecin tradition : une fois par an, ils passent une semaine tous les deux dans une maison à la campagne. Ils se promènent dans les bois, font sans du feu dans la cheminée et surtout, ils éteignent leurs portables pour que frontières personne ne les dérange.

Solution :

Exercice 10 : Pronoms COD et COI (complément d'objet direct/complément d'object indirect). Ersetzen Sie die unterstrichenen Ergänzungen durch das richtige oder die richtigen Pronomen und platzieren Sie diese an der richtigen Stelle!

1. Michel montre une image du château aux touristes.

   Michel la leur montre.

2. « Robert, tu nous enverras la photo de la tête coupée. »

   ____

3. Irène donne les photos des châteaux à Ninon.

   ____

4. Arthur a demandé aux du Valois de lui donner de l'argent.

   ____

5. « Tu m'as dit que Fabien était un escroc. »

   ____

Solutions

Exercice 1 : **1.** français, la France **2.** italiens, l'Italie **3.** allemands, l'Allemagne **4.** américains, les États-Unis **5.** portugais, le Portugal

Exercice 2 : **1.** lente, lentement **2.** agréable, agréablement **3.** naturelle, naturellement **4.** douce, doucement **5.** curieuse, curieusement

Exercice 3 : **1.** La guillotine est un symbole de la Révolution française. **2.** Le premier surnom de la guillotine était Louisette/Louison. **3.** Une guillotine mesure plus de trois mètres (de haut). **4.** La guillotine est faite en bois.

Exercice 4 : **1.** qui **2.** que **3.** que **4.** qui **5.** qui

Exercice 5 : **1.** rubalise **2.** charlotte **3.** modèle **4.** valise **5.** corps

Exercice 6 : **1.** en continuant **2.** en utilisant **3.** en faisant **4.** en entendant **5.** en marchant

Exercice 7 : **1.** enfants **2.** silence **3.** fort **4.** fermées **5.** assises **6.** femme

Exercice 8 : **1.** Marie-Anne pense que la victime est un touriste. **2.** Elle croit que c'est un accident. **3.** Son mari trouve que guillotiner quelqu'un est très cruel. **4.** Pour ne pas perdre de visiteurs dans le château, les guides comptent les membres de leur groupe. **5.** Marius est un vieil homme qui perd un peu la tête.

Exercice 9 : **1.** a **2.** rit **3.** regardent **4.** sont **5.** voit **6.** demande

Exercice 10 : **1.** gardien **2.** enquêtrice **3.** médecin légiste **4.** petit ami **5.** guide **6.** collègue.
Solution : Ninon et Fabien se sont rencontrés au cinéma.

Exercice 11 : **Horizontal : 1.** victime **2.** châteaux **3.** félicitations **4.** bouquets
Vertical : 1. bureau **2.** empreintes **3.** sarcasme **4.** epuisée

[1]V	I	C	T	I	M	[2]E									
						M				[3]S					
				[1]B		P		[2]C	H	A	T	[4]E	A	U	X
				U		R				R		P			
				R		E				C		U			
			[3]F	E	L	I	C	I	T	A	T	I	O	N	S
				A		N				S		S			
[4]B	O	U	Q	U	E	T	S			M		É			
						E				E		E			
						S									

Exercice 12 : **1.** Pourquoi n'avez-vous rien dit ? **2.** Quand est-ce qu'ils se sont disputés ? **3.** Où étaient Michel et la victime ? **4.** Est-ce qu'ils se sont battus ? **5.** Avez-vous entendu ce qu'ils disaient ?

Exercice 13 : **1.** vrai **2.** faux (Il connaissait la victime depuis une semaine.) **3.** vrai **4.** faux (On lui a donné un manuscrit.) **5.** faux (Elles veulent interroger la famille du Valois.) **6.** faux (Ninon et Irène décident de retourner au château de la Colombelle.)

Exercice 14 : **1.** frères **2.** fils **3.** cousins et cousines **4.** neveu **5.** belle-fille **6.** femme **7.** mari

Exercice 15 : **1.** j'ai découvert **2.** j'ai vu **3.** expliquait **4.** ont restauré **5.** avait **6.** insistait **7.** nous ont dit

Exercice 16 : **1.** Le reportage en parlait. **2.** Richelieu aimait s'y assoir. **3.** Catherine de Médicis en a fait fabriquer. **4.** Michel y fait attention. **5.** Louise y a été emmenée.

Exercice 17 : **1.** fâché **2.** rare **3.** ère **4.** ré **5.** e. **Solution :** Louise considère Marius comme un frère.

Exercice 18 : **1.** a) **2.** b) **3.** a) **4.** b) **5.** b)

Exercice 19 : **1.** meurtrier **2.** économies **3.** reportage **4.** somme **5.** restaurent **6.** enchères. **Solution :** La mère d'Arthur s'appelle Sophie.

Exercice 20 : **1.** qui **2.** auxquelles **3.** qu' **4.** laquelle **5.** dont **6.** où

Test final

Exercice 1 :

1	2	3	4	5	6	7
f	e	c	b	g	d	a

Exercice 2 : **1.** verte **2.** gris argenté **3.** bleue, orange **4.** noire **5.** vert foncé, marron

6. roses (*rose* ist eine Ausnahme. Es wird als Farbadjektiv an das Substantiv angepasst, da der Zusammenhang zur Rose (Blume) nicht mehr als vorrangig betrachtet wird, *rose* wird vielmehr als eigenständige Farbbezeichnung verstanden. Das gleiche Prinzip gilt zum Beispiel für *mauve*, *fauve* und *pourpre*.)

Exercice 3 : **1.** c) **2.** f) **3.** e) **4.** a) **5.** b) **6.** d)

Exercice 4 :

<table>
<tr><th>Irène</th><th>Ninon</th></tr>
<tr><td>cheveux mi-longs</td><td>cheveux courts</td></tr>
<tr><td>mince</td><td>plus jeune</td></tr>
<tr><td>experimentée</td><td>brune</td></tr>
<tr><td>motarde</td><td rowspan="2">refuse de parler de son petit ami</td></tr>
<tr><td>brune</td></tr>
</table>

Exercice 5 : **1.** pourrait **2.** aimerais **3.** serait **4.** voudraient **5.** aurions

Exercice 6 : **1.** bouclier **2.** parking **3.** maîtres **4.** gardien **5.** ecchymose

Exercice 7 : **1.** c) **2.** e) **3.** d) **4.** a) **5.** f) **6.** b)

Exercice 8 : **1.** Ninon est plus jeune qu'Irène. **2.** Ninon a moins d'expérience qu'Irène. **3.** Robert est meilleur que les autres médecins légistes. **4.** Pour restaurer des meubles, Christophe est aussi doué que son père. **5.** Pour Marie-Anne, être électrocuté est pire qu'être guillotiné.

Exercice 9 : Le mari d'Irène s'appelle le Antoine. Elle l'a rencontré lors d'une enquête : il était mari témoin dans l'affaire. Ils sont rapidement tombés amoureux et se sont mariés un an plus tard. Ils n'ont pas d'Irène d'enfants. Comme Irène, Antoine est passionné est par son métier. Il travaille beaucoup et doit souvent voyager. Irène et lui ont une méde-cin tradition : une fois par an, ils passent une semaine tous les deux dans une maison à la campagne. Ils se promènent dans les bois, font sans du feu dans la cheminée et surtout, ils éteignent leurs portables pour que frontières personne ne les dérange.

Solution : Le mari d'Irène est médecin sans frontières.

Exercice 10 : **1.** Michel la leur montre. **2.** « Robert, tu nous l'enverras. » **3.** Irène les lui donne. **4.** Arthur le leur a demandé. **5.** « Tu me l'as dit. »

Glossaire

ϟ = umgangssprachlich
f = feminin
m = maskulin
pl = Plural

à emporter	zum Mitnehmen
à proprement parler	eigentlich, genau genommen
accès *m*	Zugang
accès *m* **de colère** *f*	Wutausbruch
accoudoir *m*	Armlehne
accusateur/-trice	anklagend
acquiescer	zustimmen
adossé/e	gelehnt
aiguisé/e	scharf
aile *f*	Flügel, *hier:* Seitenflügel
apaisant/e	beruhigend
approbateur/-trice	beifällig, zustimmend
armure *f*	Ritterrüstung
assurément	definitiv
attentivement	aufmerksam
au fil de	im Laufe von
au point que	dermaßen, dass
avaler	(herunter) schlucken
avec préméditation	vorsätzlich
avoir honte *f*	sich schämen
avoir l'air ailleurs	so aussehen, als ob man mit den Gedanken woanders ist

avoir les moyens *m pl*	sich etw. leisten können, genug Geld haben
avoir plus de peur *f* **que de mal** *m*	mit dem Schrecken davonkommen
avoir un faible pour	eine Schwäche für jdn./etw. haben
bac *m*	*hier:* Becken
badge *m*	Namensschild, Dienstausweis
banlieue *f*	Stadtrandgebiet
bas/se	niedrig
bibelot *m*	Nippes
boîtier *m*	Kasten, *hier:* Gehäuse
bon/ne à rien *m/f*	Nichtsnutz
bonne fréquentation *f*	guter Umgang
bouclier *m*	Schutzschild
Ça me dépasse	Das übersteigt meine Vorstellungskraft.
ça ne colle pas avec	das passt nicht zu
cachette *f*	Versteck
carré/e	viereckig, *hier:* muskulös
carte mémoire *f*	Speicherkarte
catin *f*	Prostituierte
charlotte *f*	Kopfhaube
chevalier/-ière *m/f*	Ritter/in
cheville *f*	Fußknöchel
chignon *m*	Dutt
classeur *m*	Ordner
coéquipier/-ière *m/f*	Teammitglied
coiffeuse *f*	Friseurin, *hier:* Frisierkommode
col *m* **roulé**	Rollkragenpullover
combinaison *f* **intégrale**	einteiliger Anzug
compter sur qn	sich auf jdn. verlassen
comptoir *m*	Theke
conclure	abschließen (Geschäft), *hier:* eine Schlussfolgerung ziehen
condamné/e *m/f*	Verurteilte/r
contredire	widersprechen

contrefaire	fälschen
cordon *m*	Schnur, *hier:* Absperrseil
couperet *m*	Fallbeil
crocheter	häkeln, *hier:* knacken (mit einem Dietrich)
cruauté *f*	Grausamkeit, Unmenschlichkeit
d'un bond	mit einem Ruck
de son plein gré *m*	freiwillig
de valeur *f*	wertvoll
débrancher	den Stecker herausziehen
décapité/e	enthauptet
décéder	sterben
défaire sa valise *f*	(seinen Koffer) auspacken
défi *m*	Herausforderung
dégénérer	eskalieren, sich verschlechtern
dégoûté/e	angewidert
dépasser	überragen
dépenser	ausgeben
dette *f*	Schuld
domaine *m*	Bereich, *hier:* Gut, Landsitz
domestique *m/f*	Diener/in, Dienstbote, -in
doux	mild, lieblich
ébloui/e	beeindruckt, *hier:* geblendet
écarquiller les yeux *m pl*	große Augen machen
ecchymose *f*	Bluterguss
effacer	löschen
effrayer qn	jdm. Angst machen
électrocuter	durch einen elektrischen Schlag töten
empêcher	verhindern
empirer	schlimmer werden, sich verschlechtern
emplacement *m*	Platz, Stelle
empreinte *f* **digitale**	Fingerabdruck
en accéléré	im Zeitraffer
en chœur	im Chor, gleichzeitig

en effet	tatsächlich
en revanche	hingegen
en tout cas	auf jeden Fall
enfiler	anziehen (Kleidung)
enfin	endlich, *hier:* genauer gesagt
enjambée *f*	großer Schritt
enserrer	umschließen
épée *f*	Schwert
épuisé/e	erschöpft
équipé/e	ausgerüstet, *hier:* ausgestattet
escroc *m*	Betrüger
essuyer	abputzen, wegwischen
être à côté de la plaque	völlig daneben liegen
évier *m*	Abwaschbecken
faire la grimace	das Gesicht verziehen
faire les cent pas *m pl*	auf und ab gehen
faire un tour sur soi-même	sich um seine eigene Achse drehen
fer *m* **forgé**	Schmiedeeisen
fierté *f*	Stolz
fortuné/e	vermögend, reich
fouiller	durchsuchen
frêle	zartgliedrig
frissonner	zittern
froncer les sourcils *m pl*	die Stirn runzeln
gâchis *m*	Vergeudung
gagne-pain *m*	Existenzgrundlage, Broterwerb
gain *m*	Gewinn
gardien/ne *m/f*	Hausmeister/in
gérant/e *m/f*	Geschäftsführer/in, *hier:* Hoteldirektor/in
gérer	managen, verwalten
glisser	rutschen
gobelet *m*	Becher
gorgée *f*	Schluck
grogner	knurren, *hier:* fauchen

gronder	ausschimpfen, *hier:* fauchen
guillemets *m pl*	Anführungszeichen
hausser les épaules *f pl*	mit den Schultern zucken
hausser les sourcils *m pl*	die Augenbrauen hochziehen
haut et fort	laut und deutlich, *hier:* lautstark
hocher la tête	nicken
hurler	schreien, brüllen
impasse *f*	Sackgasse
impassible	ungerührt
incident *m*	Vorkommnis
indigné/e	empört
inintelligible	unverständlich
insister	beharren
intervenir	*hier:* einhaken
intimider	einschüchtern
Je ne vous permets pas !	Das verbitte ich mir!
la trentaine *f*	etwa dreißig Jahre alt
la veille *f*	Vorabend
lâcher	loslassen
laisser paraître	sich anmerken lassen
lame *f*	Klinge, Messer
lever le pouce	den Daumen nach oben strecken
ϟliquider	*hier:* das ganze Geld ausgeben
longer	entlanggehen
lorsque	als
maintenir	*hier:* (fest)halten
malin/-igne	clever, schlau
mare *f*	(große) Lache, (große) Pfütze
médecin légiste *m/f*	Rechtsmediziner/in
menacer	drohen, bedrohen
mentionner	erwähnen
menton *m*	Kinn
mettre qn à la porte	jdn. hinauswerfen
ϟmince alors !	*hier:* Was für ein Mist!
mine *f*	*hier:* Gesichtsausdruck, Miene
mise *f* **en scène** *f*	Inszenierung

motard/e *m/f*	Motorradfahrer/in
ne pas avoir l'air *m* **dans son assiette** *f*	aussehen, als ob man sich nicht wohlfühlt
ne pas faire long feu *m*	nicht lange aushalten
ne pas se laisser abattre	sich nicht unterkriegen lassen
on dirait	es sieht so aus, als ob/wie; man würde sagen, dass
OPJ (officier/-ière de police judiciaire) *m/f*	Offizier/in der Gerichtspolizei
osier *m*	Weide
panier *m*	Korb
parmi	unter
patienter	sich gedulden, warten
perdre la tête	den Kopf/die Orientierung verlieren
périmètre *m*	Umfang, *hier:* Bereich, Zone
plaisanterie *f*	Scherz
planche *f*	Brett
poignet *m*	Handgelenk
poliment	höflich
porter la main à sa bouche	sich die Hand vor den Mund schlagen
pourboire *m*	Trinkgeld
poutre *f*	Balken
prélèvement *m*	Probennahme
préserver	bewahren
prévoir	einplanen
prise *f* **de vue**	Aufnahme (eines Bildes)
railleur/-euse	höhnisch, spöttisch
récent/e	kürzlich, neu
recoin *m*	Winkel
relever des empreintes *f pl*	Abdrücke/Spuren sichern
résonner	dröhnen, *hier:* nachklingen
resplendissant/e	glänzend
ressentir le grand frisson *m*	den Nervenkitzel erleben
retentir	ertönen

rétorquer	erwidern
ridé/e	faltig
ronfler	schnarchen
rubalise *f*	Absperrband
s'accroupir	in die Hocke gehen
s'agiter	aufgeregt sein
s'apprécier	sich schätzen
s'apprêter à faire qc	im Begriff sein, etw. zu tun
s'emporter	in Zorn geraten
s'entrechoquer	aneinanderstoßen
saigner	bluten
se débarrasser de qc	etw. loswerden
se décaler	sich verschieben, *hier:* sich seitlich bewegen
se déchaîner	toben, *hier:* lospoltern, den Ärger auslassen
se disputer	streiten
se fâcher	wütend werden, sich aufregen
se faire la bise	sich (gegenseitig) ein Küsschen geben
se faire vieux/vieille	alt werden
se mêler de qc	sich in etw. einmischen
se moucher	sich die Nase putzen
se plaindre	sich beschweren
se redresser	sich aufrichten
se ronger les ongles *m pl*	an den Nägeln knabbern
se tortiller	sich winden, *hier:* nervös hin und her rutschen
sec, sèche	trocken, *hier:* schroff
secouer la tête	den Kopf schütteln
sédatif *m*	Beruhigungsmittel
serrure *f*	Türschloss
soupirer	seufzen
sur le trajet	auf dem Weg
tapoter	leicht klopfen
tenir au courant	auf dem Laufenden halten

tenir la route	einleuchtend/schlüssig sein
toit *m*	Dach
tort *m*	Unrecht
trafiquer	verfälschen
trembloter	zittern
trousse *f* **de toilette** *f*	Kulturbeutel
↯**type** *m*	Typ
valet *m*	Diener, Knecht
velours *m*	Samt
venir à la rencontre de qn	jdm. entgegenkommen
vente *f* **aux enchères** *f pl*	Auktion, Versteigerung
verni/e	lackiert
vomir	sich übergeben

Liste des exercices

Notizen

Notizen